Paul Lindau

Aus dem Orient

Paul Lindau

Aus dem Orient

ISBN/EAN: 9783744655323

Hergestellt in Europa, USA, Kanada, Australien, Japan

Cover: Foto ©ninafisch / pixelio.de

Weitere Bücher finden Sie auf **www.hansebooks.com**

Aus dem Orient.

Flüchtige Aufzeichnungen.

Von

Paul Lindau.

Breslau.
Druck und Verlag von S. Schottlaender.
1890.

Meinen lieben Freunden in Bukarest

Dr. med. Wilhelm Kremnitz

und

Frau Mite Kremnitz
geb. Bardeleben

in herzlicher Dankbarkeit und aufrichtiger Sympathie

gewidmet

Berlin,
im Hochsommer 1889.

P. L.

Inhalt.

Bei aller Mühe würde es mir doch nicht gelingen, für diese Blätter einen Titel zu finden, der bescheiden genug klänge, um den Absichten, die ich mit deren Veröffentlichung verfolge, zu entsprechen. Schon bei diesem ersten Satze stocke ich, denn füglich darf ich nicht einmal von meinen besonderen Absichten reden. Manche der bunten, wechsel- und reizvollen Bilder, die während meiner Fahrt im Osten im Frühjahr 1888 bisweilen mit sinnverwirrender Schnelligkeit im Fluge an mir vorübergesaust sind, habe ich zu bannen versucht, und ein besonderes Behagen hat es mir gewährt, den wunderbaren Eindruck, den das nur flüchtig Erspähte auf mich gemacht hat, in den Stunden gemächlicher Sammlung in der Erinnerung wieder auffrischen zu können. Jeder lehrhafte Zweck, jede anspruchsvolle Kritik aber hat mir durchaus ferngelegen.

Bilde mir nicht ein, was Rechts zu wissen.
Bilde mir nicht ein, ich könnte was lehren . .

Wollte ich daran denken, wie hervorragende Gelehrte und großartige Dichter von tiefem Verständniß

getragene und farbenprächtige Schilderungen derselben
Stätten gegeben haben, die wie in traumhafter Ver=
schleierung vor mir aufgetaucht sind, und von denen ich
mich abwenden mußte, bevor es mir noch möglich war,
in deren Wesenheit einzudringen, — wollte ich an
Byron, Fallmerayer, Amicis und so manchen Andern
denken, so würden die nachfolgenden Blätter sicherlich
ungeschrieben geblieben sein. Der einzige Vorzug aber,
den ich geltend machen möchte, und der mir gewiß
nicht als Unbescheidenheit ausgelegt werden wird, ist
eben der, daß ich an jene erlauchten Wanderer, die vor
mir dieselben Wege gegangen sind, so wenig wie möglich
gedacht habe. Das, was ich gesehen habe, habe ich
mit meinen eigenen Augen gesehen, nicht durch die Brille
Anderer. Ich bin all den Neuheiten, die sich mir dar=
geboten haben, mit der vollsten Unbefangenheit gegen=
übergetreten. Ich bin von Eigenthümlichkeiten angezogen,
von Schönheiten mächtig und tief ergriffen worden, die
in keinem der mir bekannten Programme verzeichnet
waren, und da, wo ich mich vorschriftsmäßig hätte be=
geistern sollen, hat sich mitunter eine starke Enttäuschung
meiner bemächtigt, und ich bin kühl bis an's Herz hinan
geblieben. Ich habe mich weder um die politischen
Schwierigkeiten und nationalen Wirren auf der Balkan=

halbinsel, noch um den langsamen und, wie man be=
hauptet, unaufhaltsamen Absterbeproceß des Asiaten=
thums in dem fernsten und vielleicht schönsten Winkel
Europas bekümmert, habe weder archäologischen, noch
cultur= oder kunstgeschichtlichen Studien obgelegen. Als
harmloser Vergnügungsreisender bin ich in Saloniki an
der Hafenstraße des Aegäischen Meeres entlang und in
Konstantinopel über die Brücke des Goldenen Horns
geschlendert, habe außer diesen beiden interessantesten
und wichtigsten Städten der europäischen Türkei die
drei sehenswerthesten Punkte Rumäniens: Bukarest,
Sinaja und Curtea de Argesch, kennen gelernt; und
das Eigene der Anschauung und der Empfindung, das
Wahrheitsgetreue in der Wiedergabe des Erblickten und
Gefühlten, das allein könnte vor wohlmeinenden Richtern
diesen Aufzeichnungen eine gewisse Berechtigung geben.
Sie sind fast ohne Ausnahme während der Reise selbst
geschrieben worden, an Ort und Stelle und unter dem
unmittelbaren Eindruck des eben Erlebten, ohne irgend=
welches „schätzbare Material", ja ohne auch nur zu
wissen, wie Andere dieselben Dinge und Persönlichkeiten
angeschaut und geschildert hatten. Um diese Anderen
habe ich mich erst nach meiner Rückkehr bekümmert, und
zwar lediglich um gewisse Lücken zu füllen, die die eigene

flüchtige Wahrnehmung nothwendigerweise oft hatte lassen müssen. Die Arbeit daheim — also eine sorgfältigere stilistische Fassung, die Sichtung und Ordnung der losen Blätter, die später eingestreuten Bemerkungen, zu denen ich durch die neue oder erneute Bekanntschaft mit Werken aus dem Orient veranlaßt worden bin — hat, wie ich glaube, an dem eigentlichen Wesen. meiner flüchtigen Aufzeichnungen während der Fahrt selbst wenig verändert. Auch da, wo mich ehrwürdige Autoritäten in meinen von den ihrigen völlig abweichenden An= schauungen stutzig machen wußten, habe ich an die Ur= sprünglichkeit meiner ersten Niederschrift nicht rühren mögen. Ich habe mir gesagt, daß das Selbstempfundene, auch wenn es irrig ist, in einem Falle wie diesem noch immer mehr Berechtigung hat, als das Nachschwatzen des von Anderen vielleicht viel besser und viel richtiger Empfundenen.

Und somit Gott befohlen! Wir wollen uns auf den Weg machen.

I.

Durch Ungarn nach Serbien.

Ueber Rutka nach Budapeſt. — Verſittlichung der Stadt. — Aus=
ſichtswagen ohne Ausſicht. — Ungariſche Tiefebene. — Ankunft
in Belgrad.

Hätte man mir Oſtern geſagt, daß ich Pfingſten
den theſſaliſchen Olymp vor mir aufragen ſehen ſollte,
ſo würde ich ſehr erſtaunt geweſen ſein und ungläubig
den Kopf geſchüttelt haben. Ich dachte in der That
an nichts weniger als an eine Reiſe nach dem Orient.
Freilich hatte ich mich immer nach dem Oſten geſehnt,
und ſeitdem ich aus dem fernen Weſten Amerikas die
mächtigſten und unvergänglichſten Eindrücke in mich aufge=
nommen hatte, hatte ſich in mir das Verlangen, den
Orient einmal zu ſehen, immer mehr geſteigert. In
öſtlicher Richtung war ich über Warſchau und Peſt bisher
nicht hinausgekommen, und ich war längſt entſchloſſen,
die erſte beſte Gelegenheit zu ergreifen, um wenigſtens
einmal bis an's Schwarze Meer vorzudringen.

Diese längst gesuchte Gelegenheit bot sich mir nun rein zufällig in den ersten Frühlingstagen dieses Jahres. Wir saßen zu dritt im Kaiserhof: der Director der Länderbank, Regierungsrath von Hahn aus Wien, der Inhaber der Berliner Handelsgesellschaft, Karl Fürstenberg, und ich. Wir hatten von allem Möglichen geplaudert, und schließlich kam das Gespräch auf eine neue Bahn, die demnächst eröffnet werden sollte, und von der ich hörte, daß sie eine neue wichtige Weltstraße erschließen würde: die Bahn von Vranja nach Uesküb.

Ich schwieg mit jenem verständnißinnigen Lächeln, das immer so wohl kleidet, wenn von Dingen die Rede ist, die man nicht kennt. Ich habe mich nie für einen Schüler von Karl Ritter, Kiepert oder Klöden ausgegeben, und ich scheue nicht vor dem Bekenntniß zurück, daß mir die Namen „Vranja“ und „Uesküb“, wenn auch nicht gerade wie etwas vollkommen Unbekanntes klangen — ich glaubte wohl, sie irgendwo schon einmal gehört oder gelesen zu haben —, so doch recht wenig vertraut waren. Ich hatte keine Ahnung, wo ich auf der Karte nach diesen interessanten Städten zu suchen hätte. Ich dachte mir gleich, es müßte wohl da unten in der Türkei sein; aber auch Rußland oder Persien würden mich nicht überrascht haben. Plötzlich hatte ich eine lichte Eingebung.

„Vranja liegt am Schwarzen Meer?" fragte ich schüchtern.

„Nein. Sie verwechseln es mit Varna. Vranja ist die letzte serbische Station an der türkischen Grenze."

Nun wußte ich schon etwas mehr, aber auch noch immer nicht viel. Da ließ ich mich denn belehren, daß Saloniki, von dessen Herrlichkeit ich schon soviel gehört hatte, bis zur Stunde noch nicht in unmittelbarem Zusammenhange mit den Schienenwegen Europas stehe, daß die bisherige Eisenbahn nur bis an die südserbische Grenze, von Belgrad über Nisch eben bis zu jenem interessanten Vranja, reiche, daß aber bis zur Stunde keine Verbindung zwischen Vranja und der nächsten türkischen Station, Uesküb, vorhanden gewesen sei, und daß man also, um nach Saloniki zu gelangen, von Vranja aus eine langwierige und beschwerliche Wagenreise von etwa vierundzwanzig Stunden habe machen müssen, um auf die türkische Bahn in Uesküb zu stoßen. Jetzt sei die directe Verbindung zwischen den serbischen und türkischen Bahnen hergestellt; die feierliche Eröffnung dieser Verbindungsbahn werde demnächst stattfinden, und man werde nun von jeder Stadt des Festlandes aus über Budapest und Belgrad mit der Bahn ohne alle

Beschwerlichkeit direct bis zur Königin des Aegäischen Meeres, bis nach Saloniki, gelangen können.

Die Bemerkungen, welche meine Freunde über die ungeheure Wichtigkeit des nun vollendeten Unternehmens austauschten: über die eigentliche Gewinnung des groß= artigen Hafen= und Handelsplatzes von Saloniki für den Weltmarkt, über den mächtigen Aufschwung, den Saloniki selbst nehmen müsse dadurch, daß erst jetzt dieser rührigen, reichen und von der Natur begnadeten Stadt die Hinterländer Serbien, Rumänien, Ungarn und damit das gesammte europäische Festland eigentlich erschlossen seien, leuchteten mir vollkommen ein.

„Sie sollten die Eröffnungsfeier mitmachen,“ warf Herr von Hahn unbedacht hin, ohne wohl selbst zu glauben, daß ich das Wort sogleich aufgreifen würde. „Wenn Sie Land und Leute noch nicht kennen, würde es Sie gewiß interessiren.“

„Sie brauchen mich blos zur Feier einzuladen,“ antwortete ich. „Ich komme mit Vergnügen.“

„Ernsthaft gesprochen?“

„Durchaus ernsthaft. Aber allerdings würde ich die Einladung nur unter einer Bedingung annehmen: daß Sie mich nämlich nicht als Zeitungsschreiber ein= laden. Nicht daß ich meinen Beruf verleugnen wollte

oder geringschätze — ich bilde mir sogar etwas darauf
ein, meine schriftstellerische Thätigkeit mit der Zeitungs=
schreiberei angefangen zu haben, und werde sie damit
wohl auch abschließen —, aber wenn ich nach dem
Orient reise, will ich mich amüsiren, will vollkommen
frei sein von dem lästigen Zwange der sofortigen Be=
richterstattung, will nicht genöthigt sein, schreiben zu
müssen, wenn ich lieber schlafen möchte, und mich in
ein schlechtes Wirthshauszimmer zurückzuziehen, wenn ich
lieber in guter und anregender Gesellschaft bliebe."

Herr von Hahn erklärte sich mit dieser Bedingung
vollkommen einverstanden. Wenige Tage darauf erhielt
ich die Einladung zum 18. Mai in Belgrad, packte
meine Siebensachen zusammen und fuhr ab, vorläufig
noch ohne bestimmten Reiseplan. Als nächste Ziele hatte
ich eben nur Belgrad und Saloniki im Auge. Ich
machte mir keine Sorgen, ich wußte, daß ich von da
aus schon weiterkommen würde.

Da ich, um rechtzeitig in Belgrad einzutreffen, nur
wenig Zeit zu verlieren hatte, zog ich es vor, diesmal
Wien bei Seite zu lassen und auf dem nächsten Wege,
über Breslau=Oderberg und Rutka, nach Pest zu fahren,
um dort zu rasten. Und ich habe es nicht bereut. Der
nördliche Theil von Ungarn mit den westlichen Aus=

2*

läufern der Karpathen ist von großer landschaftlicher
Schönheit. Ein paar Stunden hinter Oderberg nimmt
der Schienenweg den Charakter der echten Gebirgsbahn
an, die dem Reize der Brenner-, der Gisela- und der
Semmering-Bahn kaum etwas nachgiebt.

Mit überraschender Unmittelbarkeit fühlen wir uns
in ein ganz anderes Land versetzt und sehen auf einmal
ganz andere Leute. Die Arbeiter, die wir auf dem
Felde beschäftigt finden, die Bauern und Bäuerinnen,
die mit Körben, Kiepen und Bündeln schwer bepackt an
den Stationen den Zug erwarten, sind im Typus, in
der Haltung und auch in der Tracht von ihren nördlichen Nachbarn, den Schlesiern, grundverschieden. Wir
bekommen freilich nicht allzu viel von diesen Menschen-
kindern zu sehen. Auf dem Felde ist jetzt wenig zu
thun; es ist die gesegnete Zeit, da man den lieben Gott
walten läßt. Aber die wenigen Feldarbeiter und die
Hirten, die schläfrig und gedankenlos bei ihrer Heerde
weilen, fallen uns durch das Absonderliche ihrer Erscheinung um so mehr auf. Es sind wohl meistens
Slowaken. Das Reich der hohen Stiefel, die gleichmäßig von Männern und Frauen getragen werden, hat
nun begonnen. Die Männer haben fast allesammt den
kleinen runden Hut mit aufstehender Krempe aufgestülpt,

die nicht einmal den Versuch macht, gegen die heißen
und blendenden Sonnenstrahlen irgendwelchen Schutz zu
gewähren. Die leiblich knappen und gewöhnlich hell=
farbigen Beinkleider stecken in den Schäften der Stiefel.
Den Oberkörper bedeckt ein gelbbräunlicher Kittel von
kleidsam malerischem Schnitt. Andere tragen anstatt
dessen blos das Hemd, das über die Beinkleider ge=
zogen und an der Hüfte durch einen Gürtel festgehalten
wird und auf diese Weise Rock und Schurz sinnig ver=
bindet. Alle haben eine sonnengebräunte Gesichtsfarbe,
tiefbraune Augen und schwarze, stumpffarbige zottige
Haare, die in nicht allzu gepflegtem Zustande glatt auf
die Schultern herabfallen. Wind und Wetter, Staub
und Regen und Sonne haben diesen Leuten eine ein=
heitlich wirkende, bräunlich abgetönte Färbung gegeben;
sie sehen aus wie Sepia=Zeichnungen. Denselben ziem=
lich einfarbigen, schmutzbräunlichen Ton haben auch die
Weiber, die aber mit angeborenem Feingefühl für das
künstlerisch Wirksame die Eintönigkeit der Grundfarbe
durch grellere, bisweilen sogar schreiende Farben, nament=
lich des Kopftuchs, zu beleben wissen.

Durch eine noch viel tiefere graubraune Färbung
der Haut, durch noch größere Vernachlässigung in der
Pflege des Aeußern unterscheiden sich die Zigeuner, von

denen es in dieser Gegend verhältnißmäßig eine ziem=
lich große Anzahl geben mag, von den Deutschen,
Slowaken und Ungarn des gebirgigen Nordens. Da,
wenige Schritte vom Halteplatz unseres Zuges entfernt,
hat sich eine Bande gelagert. Da ist so eine Art Zelt
aufgeschlagen, wenigstens flattert ein zerfetzter schmutziger
Lappen, der an ein paar Stangen befestigt ist, im
Winde hin und her. Ein alter, magerer Klepper steht
ausgespannt neben der Karre, mit schwermüthig gesenktem
Kopf, und beschnuppert, vielleicht hungrig, aber jeden=
falls ohne rechten Appetit, das trockene staubige Gras.
Eine nicht mehr junge und keineswegs schöne Mutter
sitzt mit hochgezogenen Knieen auf dem Boden und hat
ihr Kind an der Brust. Sie ist spärlich bekleidet, das
Kind ist pudelnackt. Die Ausübung ihrer Mutterpflicht
scheint sie geistig nicht sehr in Anspruch zu nehmen; sie
unterhält sich, während sie dem Kinde die Brust giebt,
sehr lebhaft mit einem hinter ihr stehenden Mädchen von
sechzehn bis achtzehn Jahren. Einige der Bande
scheinen damit beschäftigt zu sein, ohne alle Ueber=
stürzung das Nothwendigste für das zeitweilige Unter=
kommen ungefähr herzurichten. Andere liegen lang aus=
gestreckt im Grase und thun gar nichts.

Jedesmal wenn ich Zigeuner sehe, überrascht mich

die erstaunliche Aehnlichkeit unserer europäischen Nomaden mit den Indianern Amerikas. Ob die Gleichartigkeit des Wanderlebens und der Lebensgewohnheiten schon diese schier wunderbare Uebereinstimmung in der Erscheinung bewirkt — ich weiß es nicht; aber jedenfalls darf man, wenn man eben nur das Aeußere in's Auge faßt, mit demselben Rechte wie von den Indianern als von den Zigeunern Amerikas auch von unsern Zigeunern als von den Indianern Europas sprechen. Namentlich das schöne, etwas schwermüthige Auge in seiner tiefdunklen Farbe, von glänzenden schwarzen Lidern umsäumt, mit dem seltsamen Ausdruck des Treuen und Scheuen, der an den Blick des Hundes gemahnt, ist beiden völlig gemeinsam.

Und auch die Gegend, die wir durchfahren, erinnert mitunter an den spärlich bevölkerten Norden Amerikas. Lange, lange Zeit sind wir mitten in wilder Einsamkeit, die nur der eiserne Strang der Schienen durchschneidet. In kühnsten Windungen schlängelt sich die Bahn an den Bergen entlang, die unmittelbar neben dem künstlich aufgeschichteten Bahnkörper schroff abfallen, und durchbricht in ungezählten Tunnels den felsigen Widerstand. Die meisten Berge sind dicht bewaldet und erglänzen jetzt im frischesten Grün. Der wundervolle, junge Wald sieht

wie zum Feiertage säuberlich abgewaschen aus. Viele
Bäume stehen in vollster Blüthe. Unter dem zarten
Weiß und dem wundersam gelblich behauchten Rosa der
Blüthen, die sich wie zu einem ungeheuren Strauße
dicht aneinander schließen, verschwindet mitunter das
saftige Grün der Blätter vollständig. In den schönsten
Umrissen schließen die Berge den Horizont ab, bald in
sanften Wellenlinien, bald in hoch und schroff aufsteigenden Spitzen. Graugelbes Geröll und unwirthsamer
Boden wechselt mit üppigen prangenden Auen, durch die
sich ein von niedrigen Bäumen und dichtem Gesträuch
eingefaßter Fluß schlängelt, der bald spiegelglatt friedlich dahinfließt, bald über Kiesel und abgelöste Fels-
stücke schäumend und kleine Stromschnellen bildend, ungestüm dahinbraust.

Auf langen Strecken ist keines Menschen Spur
wahrzunehmen und keines Menschen Werk, außer eben
der Bahn und den langweiligen Telegraphenstangen, an
denen unser Zug vorübereilt. Hie und da steht wohl
einmal in der Einöde ein roh zusammengehämmertes
Bretterhäuschen, das vielleicht als Zuflucht im Sturme
dient, vielleicht auch eine verlassene und zerfallene Be-
hausung ist. In langen Zwischenräumen gewahrt man
dann mitunter ein bischen Industrie: kleine Sägemühlen

und Brettschneidereien, und endlich saubere, malerisch wirkende Flecken, aus denen die Kirchthürme aufragen, und die sich nur selten zu einer wirklichen Stadt vergrößern.

Ich freue mich immer darauf, wenn es mir gegönnt ist, einige Tage in Budapest zu bleiben, denn Budapest ist nach meinem Geschmack eine der schönsten und zugleich eine der anmuthigsten Städte der bewohnten Erde. Namentlich von meinem letzten Aufenthalte hatte ich die dankbarste Erinnerung an die Herrlichkeiten der Stadt selbst und an die bestrickende Liebenswürdigkeit ihrer Bewohner bewahrt.

Während der sieben Jahre, die seitdem vergangen sind, hat sich die Hauptstadt der Magyaren allerdings sehr wesentlich verändert. Unverändert habe ich eigentlich nur meine liebenswürdigen Freunde von damals gefunden. Wundervolle Straßen, die an Großartigkeit und Pracht mit den schönsten der Welt wetteifern dürfen, sind zum Theil vollendet, zum Theil ganz neu entstanden. Wenn man am Quai der Donau entlangschlendert, mit dem herrlichen Ausblick auf den Strom, auf die Brücken, auf die Insel und auf das malerische Ofen mit der Burg, wenn man über die weiten luftigen Plätze, die breiten schönen Straßen, die mit Palästen und palast-

ähnlichen Villen besetzt sind, in den gutfahrenden Mieths=
wagen dahinrollt, wenn man durch die Klänge einer
vortrefflichen Militärkapelle angelockt in einen der vor=
nehmeren Gärten eintritt, um dort zu Nacht zu speisen,
und um sich schaut, wenn man da in zehn Minuten mehr
weibliche Schönheiten erblickt, als sonst wohl in zehn
Jahren, so muß man sagen, daß es wirklich kaum eine
Großstadt giebt, die auf den Fremden einen so freund=
lichen und zugleich bedeutenden Eindruck machte, wie
dieses schöne, vergnügte, liebenswürdige Budapest.

Und doch muß ich gestehen, daß ich von meinem
egoistischen Standpunkt als Fremder aus alle baulichen
Verschönerungen gern gemißt hätte, wenn Pest in allem
Uebrigen unverändert geblieben wäre. Aber diese aus=
gelassenste aller Städte, der früher in ihren tollsten Extra=
vaganzen eine Anmuth, ja, auch auf die Gefahr hin,
einen sehr ungeeignet wirkenden Ausdruck zu gebrauchen,
der aber eben doch sachlich zutreffend ist, möchte ich
sagen: ein gewisser keuscher Reiz zu eigen war, wie ich
ihn nie und nirgendwo wiedergefunden habe, ist zimper=
lich und sittsam geworden wie eine englische Gouvernante
und wird nun bald gerade so langweilig und zugleich
so verderbt werden, wie alle anderen Großstädte.

Der neue oberste Hüter über das Wohl und Wehe

der Stadt — wir würden ihn Polizeipräsident nennen, in Budapest führt er, glaube ich, den Titel Oberstadt=hauptmann — mag ein ganz hervorragender Beamter sein. Seine Wirksamkeit beweist indessen wieder einmal, daß eine kleine Dosis Poesie auch bei der Erledigung der nüchternsten Geschäfte, die im Uebrigen mit der Poesie gar nichts zu schaffen haben, kaum entbehrt werden kann. Das eindringende ästhetische Verständniß für eine der erstaunlichsten und zugleich ansprechendsten Eigenarten der guten Stadt Budapest muß ich dem Herrn Ober=stadthauptmann, ohne ihm im Uebrigen in der Erledigung seiner anderen Berufsgeschäfte irgendwie zu nahe treten zu wollen, zu meinem Bedauern doch absprechen. Er hat es für gut befunden, nach der Schablone da zu moralisiren, wo nichts Unmoralisches den freieren Sinn beleidigte. Er hat durch Belästigungen aller Art das nächtliche Treiben von Budapest, das nirgends in der Welt seinesgleichen hatte, zu nichte gemacht. Das, was überall mehr oder minder widerwärtig und ekelhaft, roh und gemein ist — in Pest war es harmlos und gut=geartet und lediglich lustig. Da hörte man nie ein garstiges Wort, man hörte immer nur Lachen. Wenn man nach Sonnenuntergang oder vielmehr kurze Zeit vor Sonnenaufgang in lustiger Gesellschaft durch die

Singspielhallen und Kaffeehäuser der Königstraße zog,
so konnte man glauben, daß die poetischen Wahngebilde
idealisirender Franzosen, daß jene Rigolettes und Rifettes
und wie sie Alle heißen — jene lustigen Mädchen, die,
ohne sich um die herkömmliche Moral weiter zu kümmern,
ihr Dasein zu ihrem eigenen Vergnügen und zum Vergnügen der Anderen anspruchslos und genügsam, ohne
an morgen zu denken, im Vollgenuß des Heute, ver-
scherzen und versingen, verjubeln und vertanzen —, man
konnte glauben, daß diese Gestaltungen einer idealisiren-
den Phantasie hier in Pest Fleisch und Blut angenommen
hätten. Dies fröhliche Treiben war eine berechtigte
Eigenthümlichkeit des fröhlichen Pest, die man hätte
schonen sollen.

Da ist nun die Obrigkeit — wie das Schicksal roh
und kalt — dazwischengefahren und hat all der Lustigkeit,
die Niemand schadete, ein Ende gemacht, als ob irgendwelche Höhlen des Lasters im Interesse der Moral hätten
gesäubert werden müssen. Das war ein grober Fehlgriff.
So wenig Budapest in dieser Eigenthümlichkeit auch den
Forderungen der strengen Sittsamkeit entsprach, so nehme
ich doch keinen Anstand, zu erklären, daß trotz alledem
und alledem Pest in seinem Ton und Gebahren die an-
ständigste Stadt der Welt gewesen ist. Erst das obrig-

keitliche Verbot hat diesem nächtlichen Treiben, das in seiner Harmlosigkeit die halbe Oeffentlichkeit nicht scheute, den harmlosen Charakter genommen. In die Verborgenheit zurückgedrängt, wird es seine Harmlosigkeit und Munterkeit unzweifelhaft verlieren und wird gerade so häßlich und zotig werden wie überall.

Die Königstraße, in der sonst, wie es in „Pariser Leben" heißt, um Mitternacht das Leben begann, liegt jetzt dunkel und verschlafen da. Hie und da ist noch ein Kaffeehaus offen, in dem gähnende Kellnerinnen vergeblich auf Gäste warten. Die ausgelassenste Sing=spielhalle der Welt, die „Blaue Katze", in der zwischen den Künstlerinnen und den Gästen das gemüthlichste Verhältniß bestand, so daß das Programm immer während des Abends von Nummer zu Nummer nach allgemeiner Uebereinkunft festgestellt wurde, ist geschlossen. Die sogenannte Polizeistunde hat diesem Local den Untergang gebracht. Jetzt ist um Mitternacht Alles still und ruhig, wie in der sittsamsten Kleinstadt. Man vernimmt nicht mehr das wehmüthige Jauchzen und verliebte Zittern der Zigeunermusik. Auch die Zigeuner müssen sich um Mitternacht schlafen legen; jedenfalls dürfen sie nicht mehr spielen. Alles nächtliche Musiciren ist untersagt! Und was ist denn aus der schönen Frau

Berger geworden, der Inhaberin irgend einer kleinen
Winkelwirthschaft, die hier neben einem Dutzend anderer
Wirthschaften lag? Die wirklich selten schöne Frau, die
den Fremden von kundigen Führern wegen ihrer auf=
fallenden Schönheit besonders gezeigt wurde — auch sie
ist als ein Opfer der obrigkeitlichen Fürsorge gefallen.
Sie ist, wie uns unser Begleiter erzählt, „abgeschoben"
worden. Es haben sich — ob wegen ihres Wankel=
muths oder wegen ihrer Sprödigkeit, ich weiß es nicht
— mehrere Leute erschossen, darunter auch ein Haupt=
mann der Honved=Armee; und das hat man der schönen
Frau übelgenommen.

Die Königstraße finster, keine Zigeunermusik, die
„Blaue Katze" geschlossen, und Frau Berger abgeschoben
— o Pest, o Budapest, was ist aus dir geworden!
Ich fürchte, ich fürchte, der anmuthige Gegensatz, in
dem die Freundlichkeit, Bescheidenheit, der gänzliche
Mangel an Zudringlichkeit und die nimmer versagende
gute Laune seiner leichtlebigen Bewohnerinnen zur Roh=
heit, Habgier und Knotigkeit des verdrießlichen und
reizlosen nordischen Lasters standen, ich fürchte, dieser
Gegensatz wird bald bis auf die letzte wahrnehmbare
Spur verschwunden sein! Man hat offenbar vergessen,
was der sittliche Schiller sagt: „Wo das moralische

Gefühl Befriedigung findet, da will das ästhetische nicht verkürzt sein." Man hat es denn auch richtig fertig gebracht, in verhältnißmäßig kurzer Zeit in dieser Beziehung Budapest seinen eigentlichen Charakter zu nehmen. Das abendliche Pest bietet jetzt dem Fremden just dasselbe, was jede andere Stadt bietet, nicht weniger, aber auch nicht mehr.

Die Theater waren gerade nicht besonders verlockend. In der Oper fand eine Wohlthätigkeitsvorstellung mit gemischtem Programm statt, eine jener Vorstellungen, denen ich schon in der Heimat mit einer gewissen Vorsicht aus dem Wege gehe, und denen ich in der Fremde nicht nachlaufen werde. Das Nationaltheater war geschlossen. Und so zogen wir denn, meine Freunde und ich, nach einem jener Etablissements, in denen die Vorführung von „Specialitäten" mit Gesangsvorträgen abwechselt.

Da gastirten als „Duettistinnen", wie es auf dem Zettel hieß, zwei wunderschöne Mädchen, die Geschwister Roger, die seit einiger Zeit eine ganz besondere Anziehungskraft übten — nach ihrer Aussprache zu schließen, waren es norddeutsche Landsmänninnen. Es sind wahrhaft junonische Gestalten, groß, schlank und schmiegsam, mit schönen Händen und Füßen, in der vollsten Ent-

faltung der Weiblichkeit, ohne stark zu sein. Die beiden
Schwestern sehen sich merkwürdig ähnlich, trotz der Ver=
schiedenheit ihrer Züge, und man kann darüber streiten,
welche die Hübschere ist. Die Schönheit der Aelteren ist
entschieden die ausdrucksvollere. Der Mund mit den
milchweißen gesunden Zähnen steht nicht ganz gerade,
aber das giebt dem sonst so edlen Gesicht mit dem
vornehm geschnittenen Profil, mit den dunklen Augen
von lustigem Ausdruck, mit den vollen, feingerundeten,
frischen Wangen und dem glänzend schwarzen Haar, das
die schöne Linie der Kopfbildung nicht zerstört, nur
noch einen gewissen pikanten Reiz. Die regelmäßigere
klassischere Schönheit ist die Jüngere, die in der Rein=
heit der Linien und auch in der marmornen Ausdrucks=
losigkeit an die antiken Muster gemahnt. Das Auge
ist unvergleichlich schön, mandelförmig geschnitten, mit
langen Wimpern eingefaßt, halb bedeckt von etwas
müden Lidern. Wangen, Mund und Hände und Alles,
was das Lüftelein im Volksliede küßt, sind von be=
zaubernder Frische und Lieblichkeit. Gerade wie bei
der milesischen Venus ist der Kopf im Vergleich zum
schlanken Ebenmaße des Körpers etwas zu klein. Für
einen Bildhauer wäre ein schöneres Modell kaum zu
denken. Das Mädchen wäre ganz berufen, noch ärgeres

Unheil anzurichten, als die „abgeschobene" Frau Verger, wenn dem wundervollen Gefäße der Inhalt entspräche.

Aber es ist auch in diesem Falle dafür gesorgt, daß die Bäume nicht in den Himmel wachsen. Die Talentlosigkeit dieser schönen Mädchen steht auf der Höhe ihrer Reize. Sie sind rührend in ihrer Hülf= losigkeit. Mit spröder, brüchiger Stimme singen sie so unmusikalisch wie möglich Lieder, deren Geistlosigkeit nur durch den Vortrag überboten wird. Dieser gänz= liche Mangel an Temperament, an Empfindung und an Verständniß hat etwas Ergreifendes. Es ist schade, daß man, um diese schönen Geschöpfe vorzuführen, keinen bessern Vorwand ausfindig machen kann, als sie singen zu lassen. Wie schön müssen sie sein, daß sie diesen Gesang annehmbar machen, daß sie sogar Beifall damit finden! Der einzige berechtigte Applaus war diesmal der, der sonst der unberechtigte ist: bei ihrem Erscheinen, bevor sie noch den Schnabel aufgethan hatten. Weshalb man nachher noch klatschte, blieb mir ein Räthsel.

Aber es giebt im Menschenleben gar viele unauf= geklärte Probleme! Dazu gehört auch das: weshalb uns zur Reise von Pest nach Belgrad ein Aussichtswagen zur Verfügung gestellt wurde? Ich kann mir kaum etwas Entbehrlicheres denken, als einen Aussichtswagen auf dieser öden Strecke. Die Gegend, die wir durchfahren, ist das Langweiligste, was das Auge erblicken kann. Der Boden ist flach wie die Hand, und der Kreuzberg mit den Pichelsbergen würde hier auffallen. Nur selten erblicken wir ein bewohntes Fleckchen. Es ist ein Dakota im Kleinen, wahrscheinlich auch sehr fruchtbar, — aber schön ist es nicht, das kann ich versichern. Und dazu der Staub! Die einzige Aussicht, die lohnend war, war die auf eine spätere gründliche Reinigung. Dazu brauchte man aber keinen besonderen Wagen. Dabei fing die Hitze an sich in recht unangenehmer Weise bemerklich zu machen. Und so fuhren wir stundenlang, von der glühenden Mittagshitze bis zum Eintritt der Dunkelheit, immer durch dieselbe staubige, öde Langweiligkeit. An der serbischen Grenze sagte man uns, daß es jetzt anfange sehr schön zu werden. Da aber war die Nacht schon hereingebrochen.

Ein überaus gefälliger und liebenswürdiger Freund war mir aus Belgrad einige Stationen entgegengefahren. Es war ihm in seiner angesehenen Stellung als Director der Tabaks-Regie und als Ortskundigem ein Leichtes, uns über die lästigen Beschwerden der Paßrevision und der Zollquälereien hinwegzuhelfen, und während noch die Anderen am Bahnhofe mit ihren Siebensachen zu kramen hatten, waren wir bereits in unserem Gast- hause untergebracht.

Ein riesengroßer Festsaal, in den ein Bett gestellt war, mit den Bildern von einigen Dutzend Milan Obrenowitsch, war mir für die Nacht angewiesen. Ich gestehe, daß sich dieser Raum zu einer Ausstellung der Landesproducte oder als Sitzungssaal der Skupschtina eigentlich besser geeignet hätte, als zur nächtlichen Her- berge eines genügsamen Reisenden. Meine Schritte hallten unheimlich, und die vier Kerzen, die ich ange- zündet hatte, ließen nur erkennen, wie ungeheuer die Dunkelheit um mich herum war. Im vollsten Wider- spruche zur Größe dieses Schlaf-Ahnensaals stand das Waschbecken, das ich zunächst für eine Bouillontasse hielt. Ich mußte die außerordentlichsten mimischen Anstrengungen machen, um dem lediglich serbisch sprechenden Zimmer- mädchen klar zu machen, daß mir nach des staubigen Tages Mühen ein etwas umfangreicheres Waschgeräth vor allen Dingen wünschenswerth sei. Schließlich ver- stand sie mich auch und brachte mir ungefähr das, was ich haben wollte. Und so gelang es denn auch meinem beharrlichen Bemühen, wie die Naturforscher sagen, die unzweckmäßige Ansammlung von Stoffen an ungehöriger

Stelle nach einiger Zeit zu beseitigen. Als ich in einer
verlassenen Ecke endlich mich zur Ruhe begeben und die
Lichter gelöscht hatte, fingen die Möbel an furchtbar zu
knacken, und mein Nachbar stöhnte jämmerlich im Schlaf.
Das Licht des Mondes fiel gerade auf das bleiche
Antlitz irgend eines ermordeten Milan Obrenowitsch.
Unter diesen angenehmen Empfindungen schlief ich ein.
Ich brauche nicht zu sagen, daß ich mich im Traum mit
allerlei Raub= und Mordgesindel herumzubalgen hatte.

Von Belgrad bekam ich bei der Kürze des uns be=
messenen Aufenthalts am andern Tage nicht viel zu sehen,
und das Wenige, das ich sah, wurde nicht eben unter
den günstigsten Bedingungen dargeboten, denn es war
wieder sehr heiß. Die Sonne brannte unbarmherzig
auf uns herab, und es staubte wiederum. Wir fuhren
in recht mangelhaft gepflasterten Straßen der nicht sehr
charakteristischen Stadt, in der neben vielen alten und
anspruchslosen Gebäuden auch einige stolzere, zum Theil
sogar etwas protzenhaft wirkende Neubauten aufragen,
nach dem besuchtesten Spazierweg, der von der Stadt
nach dem hübsch gelegenen königlichen Jagdschloß Top=
schider führt. Zu dieser frühen Stunde war es da noch
öde und verlassen, und von der Belgrader Gesellschaft
bekamen wir Niemand zu sehen. Wir durchwanderten

den Park, der eine herrliche Aussicht sowohl auf die malerisch gelegene Festung, wie auf die hier zusammen=fließenden Flüsse Donau und Sau bietet. Lange durften wir da nicht rasten, denn schon in der Mittagsstunde kam der Orient=Expreßzug aus Paris, der die wesent=lichen, zur Eröffnungsfeier geladenen Gäste und auch die Wirthe selbst mitbrachte.

II.

In Serbien.

Festlichkeit in Nisch. — Reden, Musik, Tanz und Gesang. —
„Wer nie die kummervollen Nächte . . .“

Unsere Reisegesellschaft, die sich aus den gleichzeitig
mit mir in Belgrad angekommenen Gästen aus Oester=
reich=Ungarn und Norddeutschland, den Geladenen aus
Belgrad selbst und endlich denen, die mit dem Pariser
Orient=Expreßzug eintrafen, ziemlich vollständig gebildet
hatte — es kamen am andern Tage nur noch die türki=
schen Theilnehmer hinzu —, mochte sich nun auf achtzig
bis hundert Köpfe belaufen. Ich will diese Zahl in=
dessen nicht verbürgen, denn ich bin kein sehr zuverlässiger
Taxator; aber so ungefähr wird's wohl gewesen sein.
Unter den Berichterstattern waren natürlich die öster=
reichisch=ungarischen und französischen am stärksten ver=
treten. Von Berlin waren Ludwig Pietsch, der farben=
reichste, scharfsichtigste und fleißigste aller Reisefeuille=
tonisten, und Paul Lindenberg erschienen. Von den

Oesterreichern sei nur einer genannt: der Chefredacteur
der „Neuen Freien Presse", Dr. Bacher, der merkwürdiger
Weise in seiner ganzen Erscheinung, in seiner gedrungenen
kräftigen Gestalt, mit dem von dem schwarzen Vollbart
eingerahmten grundgescheidten Gesicht, der hohen Stirn
und den dunklen klugen Augen sehr lebhaft an seinen
Vorgänger, an den Begründer der „Neuen Freien Presse",
Max Friedlaender, erinnert. Dr. Bacher war begleitet
von seiner liebenswürdigen Frau.

Von Diplomaten bemerken wir den würdigen Grafen
Bray Vater, den bayerischen Gesandten in Wien; dessen
Sohn, den Grafen Bray, unsern Gesandten in Belgrad,
die echte Gestalt eines schweren Reiters, sehr groß und
stämmig, breitschulterig, mit feinem und gescheidtem Kopf,
überaus liebenswürdig und zuvorkommend; den französischen
Gesandten in Belgrad, Herrn Millet, einen schlanken,
schmächtigen, ebenfalls noch jungen Mann, unglaublich
beweglich, beinahe ein bischen zappelig; den damals
abgedankten serbischen leitenden Staatsmann Ristic, mit
ernsten und nicht unbedeutenden, aber auch nicht feinen
Zügen, einem auffallend langen und starken dunkelblonden
Backenbart im Umfange und Schnitt des Puttkamer'schen;
den neuen Cultusminister Dr. Georgewitsch, einen lebens=
frischen, kräftigen Mann mit dunklen funkelnden Augen,

sehr verbindlich in seinen Formen, der auf der Wiener Hochschule gebildet ist und die deutsche Sprache vollkommen beherrscht u. s. w.

Die hervorragendste Rolle bei dieser Feierlichkeit spielten natürlich die Finanzgrößen und namentlich die französischen. Unter diesen machte sich Herr Hensch, der Präsident des Comptoir d'escompte, durch die selbstbewußte ruhige Sicherheit seines wuchtigen Auftretens, wie sie das Großcapital vielleicht in noch erhöhtem Maße als die Geburt verleiht, bemerkbar; jeder Zoll ein Bankdirector! Und Herr Hensch ist nicht klein, er hat wohl fünf Fuß elf Zoll. Menschlich nahbarer und freundlicher wirkte Herr Alfred André, gleichfalls der Chef eines der größten Pariser Häuser, mit dem fast typisch zu nennenden Aeußern des großen französischen Financiers: eine etwas über mittelgroße, kräftige, beinahe corpulente Gestalt, das Gesicht mit dem Ausdruck der Klugheit und Jovialität, Kinn und Lippen glatt rasirt, mit schmalem Backenbart, hoher Stirn, spärlichem Haar und scharf blickenden freundlichen Augen — in seiner ganzen Erscheinung wohlgepflegt und von gefälliger Wirkung. Herr André war begleitet von seiner still vornehmen Frau und seiner anmuthigen Nichte, ebenfalls einer beinahe typisch zu nennenden Vertreterin der wohlerzogenen jungen Französinnen aus guter Familie, in jener echt mädchenhaften Zurückhaltung, wie sie Fräulein Reichemberg im Théâtre français mit unübertrefflicher Meisterschaft darstellt. Der junge Graf Vitali, der sich ebenfalls an diesen Bahnen finanziell sehr stark betheiligt hat, ein lebhafter, dienstbereiter, liebenswürdiger junger Mann, bemühte sich unablässig um das Wohl und Wehe der Gäste, und dessen bildhübsche junge Frau von schmiegsamer Gestalt und edelstem Gesichtsschnitt war ohne Zweifel die lieblichste Erscheinung der Reisegesellschaft. Unter den Franzosen war noch eine besonders anziehende Gestalt: es war Herr Bordeleau, der Präsident des Pariser Handels-Tribunals, ein schon älterer Herr in tadelloser Haltung, von schlanker Gestalt, mit kurzgeschorenem schneeweißem Haar und Backenbart und von frischer blühender Gesichtsfarbe. Von der Länderbank in Wien nahmen der Gouverneur, Graf Wodißky, und der Director, Regierungsrath von Hahn, von der Berliner Finanzwelt Herr Hans von Bleichroeder an der Fahrt theil. Ich bin sicher, daß ich viele der Nennenswerthesten übergehe, aber ich mache auch gar keinen Anspruch auf Vollständigkeit in der Aufzählung.

Serbien ist ein wunderschönes Land. Die Strecke, die wir durchfuhren, vom nördlichsten Zipfel bis zur

Südgrenze, ist jedenfalls überreich an landschaftlichen
Reizen. Es ist wie ein blühender Garten, der jetzt in
der frischesten Färbung des Sommeranfangs vor uns
sich ausbreitet, hier meist Hügelland, das durch eine
Gebirgskette zuerst anmuthig, dann gewaltig und groß=
artig umrahmt wird, schattige grüne Wälder und fleißig
bebaute üppige, sonnige Felder.

Kurz vor Sonnenuntergang erreichten wir Nisch,
das im Herzen von Serbien liegt, wo für unser nächt=
liches Unterkommen gesorgt war, und in dem die erste
Feierlichkeit stattfinden sollte. Die Stadt machte auf
mich bei unserer Ankunft einen sehr tiefen und starken
Eindruck. Hier trat uns zum ersten Mal der Orient
in seiner vollen Eigenart ganz unverfälscht entgegen.
Hier sahen wir das erste schlanke Minareh aus dem
bunten Gewirr der Häuser aufschießen und hier das
unvergleichlich farbenprächtige Gewühl der Menge.

Da hockten auf dem freien Felde vor Nisch und
lagen ausgebreitet auf Teppichen etwa zwanzig bis
dreißig türkische Weiber, die ihr Gesicht bis auf den
schmalen Theil zwischen den Augen und der Nasenspitze
mit dem weißen Kopftuch oder der bunten Kapuze ihres
mantelartigen, bauschigen Gewandes verhüllt hatten und
neugierig und lustig zu den Fremdlingen aufschauten

die als friedliche Eroberer in ihre türkische Heimat ein=
brechen wollten. Und dies Gewühl und Gewimmel auf
dem Bahnhofe! Diese Serben mit ihren kurzen Jacken,
die Albanesen mit den gefältelten weißen Röcken und
reichbestickten Jacken, die Bulgaren, Türken und Griechen,
die Juden mit den fuchspelzverbrämten Kaftans, die sich
hier nur für das geübte Auge von der Umgebung ab=
heben, die zerlumpten Zigeuner — Alles das zu einem
buntscheckigen, erstaunlich bewegten Knäuel zusammen=
geballt, durchsprenkelt mit Scharlachroth, mit Saffran=
gelb, mit Arsenikgrün, und das Ganze doch gleichmäßig
und harmonisch abgetönt, und Alles schreiend und lärmend
und tobend, dazu die schmetternde Militärmusik auf dem
Bahnhof, die zu unserer Begrüßung ausgeschickt war,
und darüber der herrlichste blaue Himmel — es wirkte
auf den nördlichen Ankömmling sinnverwirrend und be=
rauschend. Der Eindruck, den ich in Nisch empfangen
habe, sollte nur noch in Saloniki überboten werden.

Auf die Aufnahme einer so großen Anzahl von
fast ohne Ausnahme recht verwöhnten fremden Gästen
war man in Nisch von Hause aus natürlich nicht vor=
bereitet. Reisende, die diese so malerisch und eigenartig
wirkende Stadt von früher kannten, entwarfen keine sehr
erbauliche Schilderung von den dortigen Gasthausver=

hältnissen. Einige der bevorzugtesten unserer Gefährten hatten bei den privaten Honoratioren ein Unterkommen gefunden. Sämmtliche Hotelzimmer waren natürlich von der Gesellschaft belegt, und viele unserer Reisegefährten verbrachten die Nacht im Schlafwagen. Ich glaube, daß diese eigentlich die Begünstigtsten waren.

Auch ich war in freundlicher Weise bevorzugt worden. Ich fand in einem ganz guten Hotel ein großartiges Zimmer mit sechs oder sieben Fenstern und einem Balkon, das, nach den herumstehenden und liegenden Gegenständen zu schließen, gewöhnlich nicht vermiethet wurde. Es waren da Vorräthe von Wäsche und Geschirr, sowie eine große Anzahl von Gegenständen, die auf den privaten Besitz der Wirthe hinwiesen, so daß ich annehmen durfte, dieser Raum werde gewöhnlich von der Familie des Gasthofbesitzers bewohnt und gleichzeitig als eine Art von Magazin für die Bedürfnisse des Hotels benutzt. Zu meiner Verwunderung hatte man zwei Betten aufgeschlagen. Ich brauchte doch nur eins!

Aber mein freudiges Erstaunen währte nicht lange. Ich fing gerade an es mir ein bischen bequem zu machen, als die Thür geöffnet wurde und ein mir unbekannter Herr eintrat, der mich höflich begrüßte und sagte, daß wir für diese Nacht Zimmergenossen sein würden. Er war ein sehr angenehmer, liebenswürdiger junger Mann, dem ich sehr bald anmerkte, daß er die freundlichen Gewohnheiten der Sauberkeit hatte. Wir hatten uns vorgestellt und verkehrten sehr angenehm mit einander. Wir hatten uns oberflächlich zum Ausgehen zurechtgemacht und freuten uns über den schönen Ausblick von unserm Balkon aus auf die heiter belebte Straße. Es hatten sich vor unserm Hotel eine große Anzahl von Neugierigen angesammelt, die sich offenbar davon überzeugen wollten, daß sie in uns Menschen sehen würden, wie andere mehr.

Aber hier war nicht Zeit, sich staunend zu ergötzen Wir mußten zum Festmahl, das in einem andern Gasthof, welcher über den größten Saal der Stadt verfügte, hergerichtet war.

Da es keine lohnende Aufgabe ist, unangenehme Erinnerungen wieder wachzurufen, so will ich von der Qualität der Speisen schweigen. Es war ein fürchterliches Essen. Aber wir hatten Hunger, und da gute Reden das Essen begleiteten, wurden wir auch damit fertig. Man wird, ohne sich anzustrengen, ungefähr errathen können, wie diese Reden lauteten. Die großen finanziellen Unternehmer berührten natürlich mit keiner Silbe die vielleicht nicht ganz unwichtige Frage, daß

mit der Eisenbahn am Ende ein ganz gutes Geschäft zu
machen sei. Es wurde lediglich auf das herrliche Werk,
das eine neue Weltstraße erschließe, das der ganzen
Menschheit zu gute komme und in der Allgemeinheit
der Civilisation einen neuen Markstein darstelle, mit
schwungvollen Worten hingewiesen. Man kann sich das,
wie gesagt, leicht vorstellen. Humanität und Cultur,
Umschlingen des Orients und Occidents, friedliche Eroberung, Ausgleich der Geister, Aufschwung, Gedeihen,
Friede und Fortschritt spielten natürlich eine große
Rolle.

Nachdem diesen allgemeinen Bedürfnissen genügt
war, verlief dann der Redestrom nach der vorher bestimmten Richtung in ein Hoch auf den Sultan, auf
den König von Serbien, auf die Begründer des Unternehmens und dergleichen. Der französische Gesandte,
Herr Millet, der vielleicht am besten sprach, hatte das
größte Pech. Während er nämlich redete, ergötzten sich
im Saale zwei Hunde, die weder durch Bitten, noch
durch Drohungen, noch durch Schläge zu beruhigen waren.
Sie vollführten zu der wohldurchdachten und wohlge-
setzten Rede eine ununterbrochene winselnde, knurrende,
bellende Begleitung. Und auch den Ernsthaftesten wurde
es schwer, ernst zu bleiben, wenn man sah, wie Kellner

und Gäste vergeblich auf die Thiere Jagd machten, welche die sichersten und unerreichbarsten Verstecke auf- suchten, um ihren Unfug im Saale unbehelligt fortzu- setzen.

Zwischen den einzelnen Reden spielte die serbische Militärkapelle, die vor der offenen Thür saß, allerlei bekannte und unbekannte Weisen. Unter den ersten unterschied ich einige für die hier versammelten fremden Nationalitäten bezeichnende; und unter den letzten fiel mir eine durch ihren flotten Rhythmus und ihre scharfe und eigenartige Melodik besonders auf. Es war jeden- falls die serbische Nationalhymne, also so eine Art „Wacht an der Sau" — oder „an der Drau".

Viel unterhaltender und interessanter als das, wie gesagt, recht mäßige Festessen in dem unschönen, spärlich beleuchteten und schwülen Saale waren die Volksbe- lustigungen auf dem Platze vor dem Gasthofe, die dem Essen folgten. Die Klänge der Militärmusik hatten natürlich alle Bewohner von Nisch auf dem großen Platze vereinigt. Der Platz, der durch wenige Laternen matt beleuchtet war, lag in tiefem Halbdunkel da. Am sommerlichen Nachthimmel glänzten nur die Sterne. Nur unmittelbar vor dem Gasthofe, da wo die Musikanten ihre Sitze aufgeschlagen hatten, war es hell beleuchtet.

Da war denn auch das Volksgedränge am stärksten; und die Polizeibeamten, die mit einer bei uns noch nicht geahnten Energie handgreiflich Ordnung stifteten, hatten nicht wenig zu thun.

Aus der Menge hörte man, erst in undeutlichem Gemurmel, dann mit vernehmlicherem Verlangen, einen Ruf, der von den Musikanten auch offenbar verstanden wurde; denn nun begann die Kapelle einen eigenthümlichen, nicht gerade schönen, aber sehr sonderbaren, einförmig dudelnden Tanz aufzuspielen, und alsbald lichtete sich der Haufen. Es faßten sich einige Leute an die Hand und tanzten einen ganz kindischen Ringeltanz, ein einfaches Springen und Hüpfen im Kreise. Es waren zuerst vielleicht sechs oder acht, die nach der rhythmischen Einförmigkeit der Musik im Kreise herumhopsten. Die Reihe der Tänzer wurde aber immer größer. Bald waren es ein Dutzend, und nun vielleicht schon das Doppelte, und jetzt immer noch mehr! Immer größer wurde der Kreis, immer spielte die Kapelle dieselbe langweilige Weise, und die braven Leute, die sich wie die Kinder an den Händen hielten, sprangen gleichmäßig, ohne irgend welche Kunst, nach dem Tacte der Musik dazu umher. Auch einige Weiber betheiligten sich an dem unglaublich harmlosen Vergnügen, und selbst die

hohe Obrigkeit, die Polizei, die eben so derb eingegriffen
hatte, konnte den Lockungen dieses einfachsten aller Na-
tionaltänze nicht widerstehen; auch die Polizisten hüpften
mit Bürgern und Soldaten, mit Männern und Weibern
mit steinern ernstem Gesichtsausdruck in der warmen
Nacht auf und nieder. „Kolo" heißt dieser National-
Ringeltanz, der sich in Serbien und Dalmatien einer
großen Beliebtheit erfreut. Ich habe etwas Einfacheres,
Anspruchsloseres und Kindlicheres nie gesehen. Aber
Alles, was echt ist, ist doch eben wirkungsvoll, und in
dieser Umgebung und unter dieser Betheiligung wirkte
dieses kunstlose Hopsen sehr originell und gemüthlich.
Erstaunlich war die Ausdauer. Der Tanz wollte gar
kein Ende nehmen. Ich dachte, es gäbe irgendwelche
Variation, aber Gott bewahre! Es ist immer dasselbe
Hüpfen und Springen in einer langen, sich immer ver-
größernden Kette und im Ringelreigen. Die Geduld der
Zuschauer erschöpfte sich offenbar viel eher als die der
Tänzer.

Als sich die Schaar der Umstehenden einigermaßen
lichtete, hörte der Tanz auf. Und nun begann aus der
Menge ein junger Mann mit ziemlich kräftiger, wenn
auch nicht gerade wohllautender Stimme, ein wiederum
in der Melodik und Rhythmik mehr eigenartiges als

schönes Lied vorzutragen. Er pries, wie uns ein
Kundiger sagte, die Heldenthaten des Königs Marco,
eines vielbesungenen Helden der Südslawen. Die Menge
hörte andächtig zu, und die Militärmusik schwieg, bis
das lange Lied zu Ende war. Da ich den Text doch
nicht verstand, so hatte es für mich keinen besonderen
Zweck, das Ende, das wahrscheinlich noch lange nicht
kam, abzuwarten. Ich war müde und suchte mein Lager
auf. Noch lange hörte ich, als ich mich schon weit von
dem großen Platze entfernt hatte, die hohe Stimme und
den merkwürdig psalmodirenden Gesang in der Stille
der Nacht.

Es war ein ziemlich anstrengender Tag gewesen,
und ich war recht müde. Das Bett war sauber, und
ich hatte auf Anrathen eines vorsorglichen Freundes
ein genügendes Quantum Insectenpulver ausgestreut, um
ohne Besorgniß vor einer nächtlichen Störung gelassen
der nächsten Zukunft entgegenzusehen. Das Bett war
recht hart, aber daraus machte ich mir natürlich nicht
viel. Mein Stubengenosse war ungefähr gleichzeitig mit
mir gekommen, und wir hatten uns gleichzeitig schlafen
gelegt und gleichzeitig das Licht gelöscht. Ich wollte
gerade einschlafen, da hörte ich ihn schwer seufzen. Ich
fuhr auf. Er seufzte noch kläglicher.

„Ist Ihnen nicht wohl?" fragte ich.

Keine Antwort. Nach kurzer Pause ein wehmüthiges Pfeifen. Mein Gott! was macht denn der Herr? dachte ich mir. Es wurde mir nur zu bald klar. Ich beobachtete nun den langsamen Uebergang vom ruhigen, beinahe lautlosen Athmen zum beschwerlichen und hörbaren. Er schnarchte — aber wie!

Ich habe schon allerhand Schnarcher gehört, aber einen Schnarcher von der Vielseitigkeit, von der Unerschöpflichkeit der Hülfsmittel, von dem Reichthum an stets überraschenden Neuheiten wie meinen Schlafbruder nie! Es war ein Schlürfen, ein Schnalzen, ein Röcheln, ein Pfeifen, ein Flöten, ein Sägen, ein Hobeln, ein Aechzen, ein Zischen, ein Gurgeln — es gab überhaupt keinen Laut, dessen eine menschliche Kehle im Bunde mit allen befreundeten Organen fähig ist, den mein verehrter Nachbar nicht ohne die geringste Anstrengung im Schlafe producirt hätte, — und noch dazu in allen möglichen Vortragsarten, im staccato, im legato, bald leise schnaufend, bald fürchterlich donnernd — kurz und gut, es war wie der Gesang einer Nachtigall: immer etwas Neues. Und das war sehr schlimm. Hätte mein Nachbar normal geschnarcht, wie ein ordentlicher Mensch zu schnarchen pflegt, mit einer gewissen Regelmäßigkeit,

dann hätte mich das nicht weiter gestört. Aber unwill=
kürlich wurde meine Aufmerksamkeit immer wieder an=
gespannt. Um Gottes willen! was kommt denn nun?
fragte ich mich bangend. Und es kam regelmäßig etwas
ganz Unerwartetes. Hatte ich auf ein melodisches
Pfeifen gehofft, so kam ein tiefer herzzerreißender
Schmerzenston, der an Amfortas erinnerte, dann wieder
ein helles Frohlocken, ein grunzender Zornesruf — kurz
und gut, es war das gleichzeitig wunderbarste und
schrecklichste Concert, das ich in meinem ganzen Leben
gehört habe.

Eine halbe Stunde, vielleicht noch länger, ertrug
ich das schwer Erträgliche in schweigsamer Ergebung.
Ich hörte, wie er flötenartig trillerte, wie er Seidenzeug
zerriß, ich hörte ihn flehen, als ob er erdrosselt würde.
Dann wandte ich alle Palliativmittel an, die gegen das
Schnarchen empfohlen werden. Ich setzte mich aufrecht
im Bett auf und pfiff das Zwischenspiel des Hirten=
knaben im „Tannhäuser“. Mein Pfeifen schien den
Schlafenden auch einigermaßen zu interessiren, denn es
trat eine kurze Pause ein — aber freilich nur eine ganz
kurze; gleich darauf setzte er mit frischen Kräften wieder
ein und fesselte mich durch die überraschendsten Wen=
dungen. Ich räusperte mich so stark wie möglich, ich

rief den Schnarchenden und bat um Gnade. Er hörte
mich nicht. Endlich zündete ich Licht an. Er lag mit
dem Kopfe halb aus dem Bett heraus, den Mund als
schreckliches Schallloch weit geöffnet, und schlief wie ein
Gebenedeiter. Ich stand auf und versuchte, den Kopf
nach oben zu legen. Es gelang mir auch. Aber kaum
befand sich der Kopf in einer einigermaßen normalen
Lage, so machte der Schlafende eine kühne Wendung im
Bett, und der Kopf hing nun nach der entgegengesetzten
Seite heraus; auf einem Umwege kamen nun die Töne
noch schrecklicher zu mir. Ich rüttelte ihn. Er ant=
wortete wohlwollend im Schlafe einige Worte, aber es
war nicht möglich, ihn zu erwecken. Er schnarchte un=
barmherzig weiter.

Allmählich bemächtigte sich meiner eine sanfte Ver=
zweiflung. Ich bekleidete mich mit dem Allernothwen=
digsten und trat, ohne recht zu wissen, was ich eigentlich
wollte, auf den Flur, vermuthlich in der Hoffnung, daß
ich da einer fühlenden Seele begegnen würde, die
mir vielleicht ein anderes Bett anwiese. Ich irrte
rathlos zwischen lieblosen Koffern und ungesäubertem
Schuhwerk umher. Es kam lange kein Mensch. Auf
einmal wurde vorsichtig eine Thür aufgemacht. Einer
der Gäste hatte meine Schritte vernommen, und es war

ihm offenbar unheimlich, in der wildfremdn serbischen
Stadt Schritte auf dem Corridor zu hören. Als er
mich da zwischen den Koffern sah, hielt er mich natürlich
für einen Koffermarder. Ich suchte ihn durch einige
freundliche Redensarten zu beruhigen, aber er traute
dem Schwindel offenbar nicht recht. Er trat nun in
weißen Pumphosen mit einem Foulard um den Kopf,
einen Leuchter in der einen Hand, in der andern etwas
Unheimliches, vielleicht eine Waffe zu Schutz und Trutz,
mit dem Ausdruck des äußersten Argwohns an mich
heran.

„Ich kann nicht schlafen,“ erklärte ich ihm. „Der
Herr, der mit mir das Zimmer theilt, schnarcht furchtbar.“

Offenbar hielt er das für einen Vorwand, und sein
Mißtrauen wurde dadurch nicht beseitigt. Er nahm
einen kleinen Koffer, der in der nächsten Nähe seiner
Thür stand, schleppte ihn in sein Zimmer und schloß
die Thür zweimal zu. Ich trat nun wieder in mein
Zimmer zurück, und da ich gar nicht wußte, was ich
anfangen sollte, versuchte ich Kolo zu tanzen. Aber
meine Beharrlichkeit war doch geringer als die der serbi=
schen Nationalkinder. Es langweilte mich, und mein
Freund schnarchte weiter. Und wie! Ich nahm ein
Kopfkissen, kehrte auf den Flur zurück, legte meine

Reisedecke an die Erde, lehnte das Kissen an den Koffer und versuchte so zu ruhen.

Als ich mir gerade dies primitive Lager zurecht=gemacht hatte, kam ein verspäteter Gast. Er war sehr lustig und amüsirte sich über mich und meine Hülflosigkeit. Er sprach leider nur serbisch, und ich konnte ihm mein Leid nur ungefähr klar machen. Ich führte ihn im Schritte der antiken Tragödie an meine Zimmerthür, öffnete dieselbe, machte eine beredte Handbewegung und zeigte auf den Schlafenden. Der Herr lachte. Er mußte wohl verstanden haben, daß es mir lieb wäre, wenn ich ein anderes Lager finden könnte, und mit einer Rück=sichtslosigkeit, bei der mir die Haare zu Berge standen, zog er an einer großen Klingel, die sich da befand, und schellte unbarmherzig. Ich fiel ihm in den Arm.

„Sie werden doch nicht das ganze Hotel alarmiren!“ rief ich ihm zu, obgleich ich wußte, daß er kein Wort davon verstand. Aber er machte eine abwehrende Be=wegung, als hätte diese kleine Störung nichts weiter zu bedeuten, verabschiedete sich und ging in sein Zimmer. Ich kauerte noch immer vor der Thür, mit dem brennen=den Lichte neben mir. Da kam der Hausknecht an, der durch den Höllenlärm der Sturmglocke natürlich geweckt war. Auch er erkannte meine Hülflosigkeit; aber ich weiß

nicht, er muß mich vollständig mißverstanden haben.
Er öffnete die Thür zu meinem Zimmer und schob mich
sanft hinein. Ich glaube, er nahm an, daß ich vielleicht
des süßen Weines voll sei und die Thür meines Zimmers
nicht finden könne.

Inzwischen war mein Stubengenosse aber durch all'
diese Vorgänge doch aus seinem festen Schlafe aufgeweckt.
Ich schilderte ihm meine Leiden in der discretesten und
artigsten Weise, und er amüsirte sich königlich darüber.
Er bat mich, ihn rücksichtslos zu wecken, wenn er wieder
anfangen sollte zu schnarchen. Wir wünschten uns
abermals gute Nacht und löschten die Kerzen abermals.
Da klopfte es leise an unsere Thür, und nun erschien des Wirthes rosiges Töchterlein, in säuberlicher
Morgentoilette, mit einem Lichte. Sie theilte mir hold-
selig lächelnd mit, daß der Hausknecht sie geweckt habe,
und sie fragte mich, ob ich unwohl sei. Ich klärte das
Mißverständniß auf, und die theilnahmvolle junge Dame
verabschiedete sich von uns mit dem Wunsche einer guten
Nacht. Mein Stubengenosse erfüllte diesen Wunsch denn
auch mit großer Bereitwilligkeit und Geschwindigkeit,
aber um meine Nachtruhe war es nun einmal geschehen.

Die dritte Morgenstunde mochte hereingebrochen sein,
und der lange Maitag dämmerte schon im Osten all-

mählich herauf. Mit großer Bedächtigkeit zog ich mich
an, packte meine Siebensachen zusammen, schob einen
großen Stuhl auf den Balkon und erwartete da in halb=
wachem Zustande, gewohnheitsmäßig meine Cigarette
rauchend, das Erwachen der Stadt.

Schon bei den ersten Strahlen der aufgehenden
Sonne belebte sich die große Straße, in der unser Gast=
hof lag. Es war wohl Markttag. In primitiven Leiter=
wagen, zu Pferd, zu Esel und zu Fuß kamen in buntem,
mannigfaltigem, unendlichem Zuge allerlei Leute mit
allerhand Waaren an mir vorüber. Die Händler und
Händlerinnen gehörten nach der Verschiedenheit des
Schnitts und der Farben ihrer Trachten allen möglichen
Völkern an. Außer den Serben sah ich Bulgaren mit
ihren schwarzgestickten, braunen Jacken und weißen
Mänteln, Montenegriner und Albanesen in ihrer reich=
gestickten, malerischen, hellen Kleidung, Türken und Juden
im Kaftan, der bei den Juden fast immer mit Pelz ver=
bränt ist. All' diese Gestalten hatten ein merkwürdig
charakteristisches, für unser nordisches Auge höchst fesseln=
des Aussehen, namentlich unter den Viehtreibern waren
einige ganz herrliche Erscheinungen. Ich sehe ihn noch
vor mir, den kaffeebraunen, alten Türken mit langem,
weißem Vollbart, der ein Lamm als Cachenez um den

Hals trug, so daß der weichwollene Bauch des Thieres
sich gemächlich an seinen Hinterkopf lehnte, während er
in seinen beiden Händen die Füße des ahnungslosen
Geschöpfes hielt. Blöde und vergnügt blickte das Lamm
um sich; es schien ihm in seiner bequemen Lage und bei
der gleichmäßig schaukelnden Bewegung sehr wohl zu
sein. Eine Stunde darauf wurde es geschlachtet.

III.

Von Nisch nach Saloniki.

Die Ueberschreitung der türkischen Grenze. — Opfer der Sündenböcke. — Uesküb und Köprülü. — Ankunft in Saloniki. — Zu
Gast bei Allatini.

Am frühen Morgen verließ unser Zug die malerische
und interessante Stadt, an die ich trotz der unruhigen
Nacht eine freundliche Erinnerung bewahrt habe.

Der Weg von Nisch über Saloniki führt uns durch
eine wundervolle Landschaft. Serbien ist ein gesegnetes
und schönes Land. Bald gleicht es einem blühenden
Garten, bald hat es den wild romantischen Charakter
des rauhen Hochgebirges mit schroffen Zerklüftungen
und steinigen Engpässen; bald erfreut sich unser Blick
an dem fruchtbaren, wohlbebauten Boden, bald starrt
uns die unergiebige Dürre mit grauem Geröll und
mächtigen Blöcken, auf denen nie ein Halm gewachsen
ist, entgegen; an dieser Stelle glaubt man mitten im
lachenden Thüringen zu sein, dann wieder erinnert die

majestätische Schönheit der Gegend an die Berge des
Salzkammerguts und Tirols; hier durchfahren wir eine
friedliche, liebliche Flußlandschaft mit anmuthigen Höhen=
zügen, die unwillkürlich an die Freundlichkeit unseres
Rheines gemahnt, bis wir, wenn wir uns der türkischen
Grenze nähern, die mächtigen Berge mit schneebedeckten
Gipfeln aufragen sehen, die uns die Riesen des Berner
Oberlandes in's Gedächtniß zurückrufen. Von besonders
schöner Bildung ist der Ljubotrn, gegen 10 000 Fuß
hoch und mit ewigem Schnee bedeckt.

Mit großem Jubel wird unser Zug an der türkischen
Grenze empfangen. Die Locomotive hält noch auf
serbischem Boden. Die türkische Regierung, die sich
lange hat bitten lassen, um zur Anlage des Schienen=
strangs, der die serbischen Bahnen mit den türkischen
verbindet, ihre Zustimmung zu geben, hat ausdrücklich
gefordert, daß die serbische Locomotive und die serbischen
Wagen nicht etwa in das türkische Gebiet hineinsausen;
denn das könnte ja so aussehen wie eine feindliche
Invasion! Sie will auch den Schein einer solchen ver=
mieden wissen, sie will vor aller Augen darthun, daß
sie freiwillig und aus eigenster Machtvollkommenheit
ihre Thore den Nachbarn geöffnet hat, und um das zu
veranschaulichen, hat sie dem serbischen Zug einen türkischen

entgegengeschickt, der die vom Norden her kommenden
Fremdlinge auf türkischem Gebiet gastfreundlich aufnehmen
und nach dem türkischen Hafen von Saloniki geleiten
wird. Die Reisenden sind deshalb genöthigt, mit Sack
und Pack die Wagen zu verlassen und ihr Handgepäck
über die türkische Grenze nach dem dort wartenden Zuge
zu schleppen.

Es versteht sich, daß sich das wichtige Ereigniß der
Bahneröffnung nicht ohne Feierlichkeit vollzieht. Die
Leute aus der Nachbarschaft sind herbeigeströmt und
begrüßen die Fremden mit lautem Zuruf. Die Ehren=
wache der türkischen Soldaten, die da aufgestellt ist,
präsentirt, die Musik spielt auf. Böllerschüsse werden
nicht gelöst.

Der oberste Beamte des türkischen Eisenbahndepar=
tements, Hayreddin Bey, und zwei Paschas, die Ver=
treter des Sultans, waren an die Grenze gekommen
und mit den türkischen Herren auch die Häupter der
bedeutendsten, an der neuen Bahn betheiligten Finanz=
häuser aus Konstantinopel. Während die Würdenträger
und Geschäftsfreunde ihre Grüße austauschten, hatte ich
die unerwartete Freude, meinen langjährigen Mit=
redacteur an „Nord und Süd", Julius Grosser, der
augenblicklich als Vertreter der Kölnischen Zeitung in

Konstantinopel weilt, wiederzusehen. Er blieb während
der folgenden Tage bis zur letzten Stunde meines Auf=
enthaltes in Konstantinopel mein unermüdlich gefälliger,
liebenswürdiger und sachkundiger Begleiter. Der türkische
Eisenbahnmann war ein sehr fideler, jovialer und ge=
müthlicher Herr, der vorzüglich französisch sprach und
uns nun aufforderte, die symbolische Vereinigung der
beiden Schienenstränge zu vollziehen. Es wurde in die
zuletzt gelegte Schiene der letzte Nagel eingeschlagen.
Ich glaube, es war die junge und schöne Frau Vitali,
die, nachdem die Arbeiter kunstgerecht vollendet hatten,
die sinnbildlichen drei Schläge that. Die Sache ging
beinahe unbemerkt vorüber und erschien mir in der Er=
innerung an die großartigen Feierlichkeiten des „last
spike", an die Eintreibung des letzten Nagels in den
gewaltigen Schienenstrang der Northern Pacific, der ich
fünf Jahre vorher am Fuße des Felsengebirges bei=
gewohnt hatte, unsagbar kleinlich und farblos.

Aber das barbarische Schauspiel, das nun zur
religiösen Weihe der weltlichen Thatsache hier veranstaltet
wurde, fesselte wider Willen meine Aufmerksamkeit.
Allah hat nämlich mit den heidnischen Göttern und dem
Jahve der alten Hebräer noch einen gewissen Zusammen=
hang bewahrt. Auch Er hat Wohlgefallen an der

„Speise Gottes mit süßem Geruch", wie Moses das
Thieropfer nennt, und die Moslem haben noch heute
die naive Auffassung, daß solche Gabe auf ihren Gott
selbst einen angenehmen Eindruck mache, den Zorn des
Höchsten abwende oder ihn geneigt stimme zur Erfüllung
irdischer Bitten.

In einem kleinen Halbkreis stellten sich die türkischen
Soldaten hart an der Grenze auf, neben ihnen die
türkischen Würdenträger, die zur Feier herbeigekommen
waren. Je zwei Soldaten hielten an den Hörnern vier
schöne, starke, schwarze Widder, wie sie zu den Zeiten
des seligen Homeros dem Poseidon geopfert zu werden
pflegten. In die Mitte des Kreises trat nun der Geist=
liche, ein schwindsüchtig und schwächlich aussehender kleiner
Mann mit einem gescheidten Gesichte, die Augen durch
eine große Hornbrille mit dunklen Gläsern geschützt.
Er streckte die beiden Hände von sich, die Handflächen
nach oben, und die anderen Türken thaten dasselbe. In
einem monotonen Singsang sprach er das Gebet, in dem
nach jedem zehnten Worte das einzige mir verständliche
türkische Wort „Allah", in welchem die Endsilbe betont
wird und einen gutturalen Beilaut hat, wiederkehrte.
Was der brave Mann gebetet hat, habe ich natürlich
nicht verstanden, und es waren darüber zwei ganz ver=

schiebene Auffassungen verbreitet. Nach der einen hätte
er recht wenig freundliche Sachen über die Fremden ge=
sagt; nach der andern, wahrscheinlicheren Lesart hätte
er nur den Segen Allahs herabgefleht auf das neue
Unternehmen und zum höchsten Herrn gebetet, alles Un=
glück von der Bahn abzuwenden und es wegzuwaschen
mit dem Blute der Sündenböcke, die geopfert werden
sollten. Nach Schluß der kurzen Ansprache machte der
Mann eine eigenthümliche Bewegung. Er fuhr mit den
beiden Handflächen über das ganze Gesicht, als wolle er
sich abtrocknen, und die anderen Rechtgläubigen machten
dieselbe Bewegung. Darauf wurde der stärkste der Böcke
von den Soldaten herangezerrt. Was nützte es dem
armen Thier, daß seine starken Hörner mit schönem
Zinnoberroth und mit goldenen Kringeln bemalt waren,
und daß auch das mächtige Vließ mit Farbenflecksen
gar lieblich betupft war! Man band ihm ein Tuch um
das Maul, um es am Blöken zu verhindern. Einer der
Soldaten nahm darauf ein langes, schmales Messer und
durchschnitt dem armen Thier kunstgerecht und schnell den
den Hals. Ich merkte an der Anstrengung, mit der er
den tödtlichen Schnitt führte, daß es ihm nicht leicht
wurde, die dicke Wolle mit dem scharfen Messer zu durch=
bringen. Ein dicker Blutstrom rann aus der klaffenden

Wunde auf den gelben Sand. Das Thier wurde bei
Seite geschafft. Trotz des fest zugebundenen Mauls
hörte man doch ein unheimliches Schnarchen und gurgelndes
Röcheln. Dann kam der zweite an die Reihe. Aber
ich hatte nun genug gesehen und wandte mich ab. Dem
zweiten folgte der dritte. Den vierten Widder hatte ich
leider nicht bemerkt. Ich glaubte, die Sache wäre vor=
über. Als ich wieder auf die Stelle blickte, stand der
vierte Bock breitbeinig vor der Blutlache, sah diese sehr
nachdenklich an und schnupperte daran herum. Als auch
diesem wieder das Maul verbunden wurde, entfernte ich
mich mit meinem Begleiter. Die übrigen Abendländer
theilten unsern Geschmack, und es blieben nur noch die
Türken zurück.

Während die türkische Infanterie — die in ihrer
äußern Erscheinung zwar etwas vernachlässigt aussah:
nicht allzu sauber, mit verschiedenartiger, zum Theil recht
mangelhafter Fußbekleidung, aber trotz alledem einen
guten und tüchtigen Eindruck machte — das Gewehr
präsentirte und auch die Berittenen, die ebenfalls recht
martialisch und leistungsfähig dreinschauten, in einer etwas
eigenthümlichen Weise salutirten, die Militärkapelle auf=
spielte und das Jubelgeschrei der herbeigeströmten Menge
ertönte, setzte sich unser Zug wieder in Bewegung.

Das Stück Türkei, das wir nun von der serbischen
Grenze bis zum Aegäischen Meer durchfuhren, steht an
Naturschönheit und Eigenartigkeit der Städtephysio=
gnomien hinter dem schönen Serbien nicht zurück.

Froh empfind ich mich nun auf klassischem Boden begeistert,
Vor= und Mitwelt spricht lauter und reizender mir —

um der Wahrheit die Ehre zu geben: allerdings recht
vernehmlich doch wohl nur die Mitwelt. Denn wenn
wir auch wissen, daß wir jetzt das alte Macedonien durch=
sausen, so wird es uns doch schwer, uns zu vergegen=
wärtigen, daß hier vor zweiundzwanzig Jahrhunderten
der junge Alexander den Bucephalus getummelt hat.
Nichts gemahnt uns an die Größe der Vergangenheit.
Die Ungröße der Gegenwart hingegen tritt uns überall
in beredter, oft recht malerischer Gestalt entgegen. Wir
machen hier schon im Fluge die Wahrnehmung, die sich
später bei uns noch immer mehr und mehr befestigen
wird, wie stark der Abstand ist zwischen der Wirkung,
welche die Städte, so wie sie sich beim ersten Anblick
unserm Auge darstellen, auf uns machen, und der katzen=
jämmerlichen Enttäuschung, die sich unser bemächtigt,
wenn wir erst etwas genauer hineingeschaut haben. Die
Städte der Türkei, die ich kennen gelernt habe, sind
starke Blender. Mit einem merkwürdigen Feingefühle

für malerische Schönheit sind sie in herrlichen Lagen auf=
gebaut, sie haben eine eigenthümlich heitere und schöne
Farbigkeit; die runden Kuppeln und spitzen Minarehs
verleihen ihnen die reizvollsten und interessantesten Profile.

So bieten auch die beiden Hauptstationen, die wir
nun berühren, Uesküb und Köprülü, unserm Auge das
gefälligste Schauspiel dar. Namentlich Köprülü, das
vom Wardar, in dessen Thal die Bahn bis Saloniki
hinunterführt, durchschnitten wird, ist ein entzückendes
Bild. Die Ufer des stattlichen Stromes steigen hier
ziemlich steil auf, und zu beiden Seiten sind an den
Berglehnen die Häuser wie Nester angebaut. Auch hier
hat sich Alles, was Beine hat, auf dem Bahnhofe zu
unserer Begrüßung zusammengefunden. Im oberen Stock
des Stationsgebäudes sind alle Fenster von türkischen
Frauen und Mädchen, die in doppelter und dreifacher
Schicht übereinander liegen, dicht besetzt. Hier sehen wir
diese züchtig Verschleierten zum ersten Mal in der Nähe.
Unter ihnen sind einige sehr hübsche Mädchen, und ge=
rade diese nehmen es mit der Verschleierung nicht allzu
genau. Wenn sie auch mit ihrem bauschigen Gewande
den Untertheil des Gesichtes verdecken, als ob sie an Zahn=
schmerzen litten, so haben sie doch garnichts dagegen ein=
zuwenden, wenn der Wind die neidische Umhüllung ein

wenig lüftet und uns die Beruhigung giebt, daß da eigentlich gar nichts zu verbergen wäre. Sie nehmen es uns auch nicht weiter übel, daß wir sie etwas genauer ansehen, als man sonst junge Damen, die man nicht kennt, zu betrachten pflegt. Sie scheinen sogar offenbares Wohlgefallen daran zu haben, daß sie von den Fremden mit ganz besonderer Aufmerksamkeit gemustert werden, und lächeln uns freundlich zu. Und auch die gestrengen Herren Türken haben nichts dagegen; sie wissen ja, wie ungefährlich wir sind, und wissen, daß wir ihrer Beunruhigung in wenigen Minuten, wahrscheinlich auf immer, entrückt sein werden. Als unser Zug langsam über die Stadt hinwegfährt, blicken wir in die verlassenen engen, krummen Gassen, in denen sich thatsächlich nicht eine lebende Seele sehen läßt; und wir haben die Empfindung, daß es gewiß angenehmer ist, sich Köprülü in seiner herrlichen Lage an den Berglehnen des Wardar von außen anzusehen, als da zu wohnen.

Die Bahnstrecke bietet noch einen Punkt von besonderer landschaftlicher Schönheit: das sogenannte „Eiserne Thor", das freilich weniger großartig ist, als sein Namensvetter an der Donau. Hier quetscht sich der Wardar schäumend und brausend zwischen mächtige hart aneinander gerückte Felsblöcke von braunröthlich

grauer Färbung. Es dauert geraume Zeit, bis sich die
Bahn aus der Stromenge zwischen den kahlen nackten
Felsen herausarbeitet. Endlich tritt sie in die Ebene
ein, die bis zum Aegäischen Meer und Saloniki hinab=
führt.

Die Ankunft in Saloniki machte auf uns Alle einen
geradezu überwältigenden Eindruck. Schon eine halbe
Meile vor der eigentlichen Station war die Bahnstrecke
mit dichten Menschenhaufen auf beiden Seiten besetzt.
Es war ein Geschrei, ein Schwenken mit Tüchern und
ein Gestikuliren, wie ich es niemals erlebt habe. Und
so ging es fort im brausenden Crescendo, bis unser
Zug endlich am Bahnhof hielt, wo es sich zu einem
geradezu ohrenzerreißendem Fortissimo steigerte. Ein
Geschrei, ein Gedränge, das aller Beschreibung spottet:
Man hat die Zahl der Schaulustigen, die sich auf dem
Bahnhof und um den Bahnhof versammelt hatten, auf
dreißig= bis vierzigtausend angegeben, und ich glaube
nicht, daß diese Zahl übertrieben ist. Wenn man nun
bedenkt, daß von diesen Dreißigtausend zum Mindesten
Fünfundzwanzigtausend Juden waren, die aus Spanien
kommen und im Orient ihre Heimat gefunden haben,
so kann man sich aus der Multiplicirung dieser drei
Lebhaftigkeiten vorstellen, was jene fünfundzwanzig=

bis dreißigtausend Menschen in ihrer Begeisterung an
Leistungen der Lunge und Kehle und an Beweglichkeit
der Gliedmaßen zu vollführen vermochten.

Es war am Abend des Sabbath. In ihren schönen,
sauberen, festlichen Gewändern, die zum Theil sehr reich
waren, machten die kräftigen Gestalten mit ihren inter=
essanten und schönen Gesichtern einen ganz herrlichen
Eindruck. In dem undurchdringlichen Gewühl währte
es geraume Zeit, bis die Fremden, denen hundert un=
erbetene Helfer beispringen wollten, aus dem chaotischen
Durcheinander im Gepäckwagen ihre Habseligkeiten heraus=
finden und in den bereitstehenden Wagen durch die leben=
dige Mauer der Schaulustigen zu ihrer Herberge gebracht
werden konnten. Das Dunkel war schon hereingebrochen,
und die ersten Laternen wurden angezündet, als wir
über das holprige Pflaster unter dem ewigen, entsetz=
lichen Schrei des Kutschers: „Guarda! Guarda!“ in
den engen Gassen von Saloniki die Volksmenge durch=
brochen hatten und vor dem Vorhofe eines stattlichen
Palastes hielten.

Es ist keineswegs gleichgültig, ob man ein Schau=
spiel von einer dunklen Ecke eines vollgepfropften Steh=
parterres aus betrachtet, oder ob man es in aller Be=
quemlichkeit von einem guten Polsterstuhl einer Loge

aus sich ansieht. Ich war durch meinen Freund aus
Belgrad, den Director der Regie, an das Haus Allatini
empfohlen worden und hatte von diesem eine Einladung
erhalten. Ich wußte zunächst nicht, was das zu be=
deuten hatte. Aber ich merkte es allerdings, sobald ich
den Fuß über die Schwelle des Hauses gesetzt hatte.
Die Allatini sind die Fürsten von Saloniki. An Reich=
thum und Bedeutung dieses großartigen, orientalischen
Geschäftshauses kommt den Allatini nur noch ein Haus
gleich: das Haus Modiano. Der Besitz des Hauses
Modiano soll sogar noch größer sein, aber es erfreut
sich keineswegs der allgemeinen Beliebtheit und des hohen
Ansehens der Allatini, die in allen gemeinnützigen Unter=
nehmungen und in allen Werken der Wohlthätigkeit in
vorderster Reihe stehen. Durchschlendert man das inter=
essante Saloniki, sieht man irgendwo ein palastartiges
Wohngebäude, ein mächtiges Geschäftshaus, große
Waarenspeicher und Magazine, und fragt man nach
dem Besitzer, so erhält man unweigerlich zur Antwort:
„Allatini“ oder „Modiano“, „Modiano“ oder „Allatini“.
Die Gastlichkeit, mit welcher die Familie Allatini und
die verschwägerte Familie Fernandez meine vom Glück
ebenso bevorzugten Reisegefährten und mich aufgenommen
haben, spottet jeder Beschreibung.

Der Vorhof zu dem Palais, in dem sich die Mit=
glieder der Familie zur Begrüßung ihrer Gäste ver=
sammelt hatten, war mit zahlreichen tragbaren Kande=
labern, die in mächtigen Ständern auf allen Theilen
des Hofes aufgepflanzt waren, und deren jeder sechs
Wachskerzen trug, taghell beleuchtet. Am Eingang
empfing uns eine Schaar von Dienern, die uns unser
Handgepäck abnahmen und dann bei Seite traten, um
unserer weiteren Befehle zu harren. Es waren Alba=
nesen in ihrer merkwürdig kleidsamen Tracht, mit der
Fustanella angethan, — jenem eigenartigen Schurz
aus steifgestärkten, gefältelten weißen Linnen, der von
der Hüfte bis zu den Knieen reicht und an das Röckchen
einer Ballerina erinnert. Es waren auffallend schöne,
schlank gewachsene breitschultrige Männer, und alle
trugen in dem reichgestickten Ledergurt, der ihnen zu=
gleich als Tasche diente, kunstvoll gearbeitete Waffen:
Pistolen, Dolch, kurzes Schwert. Auf diesen Waffen=
schmuck schienen sie besonders stolz zu sein; sie gestatteten
uns die nähere Besichtigung der damascirten Läufer,
Klingen und Griffe mit sichtlichem Vergnügen. Ueber
dem Ueberkleide, das die Brust bedeckt, tragen sie noch
eine halb offene, mit reichsten Goldstickereien verzierte
Sammetjacke, von der an den Ansätze der Schultern

an Stelle der Aermel offene Gehänge, ebenfalls aus
Sammet und mit reichster Goldstickerei ganz bedeckt,
herabfallen. Die Gamaschen, die gleichfalls reich gestickt
sind, gehen beinahe bis zum Knie hinauf. Die Kopfbekleidung bildet das allgemein übliche Fez.

Die jungen Herren Allatini und Fernandez, die zu
meinem Bedauern die schöne, kleidsame Tracht ihrer
Väter: den buntfarbigen Kaftan mit Fuchspelzbesatz, abgelegt und mit der langweiligen fränkischen Tracht ver-
tauscht haben, führten uns über eine breite, mit auffallend schönen alten Teppichen belegte Treppe zu dem
glänzend beleuchteten Festsaale im oberen Stock. Da
erwarteten uns die Damen des Hauses, in der Mitte
die würdige Matrone mit schneeweißem, glatt gescheiteltem
Haar, einem vornehmen, edel geschnittenen Gesicht von
ernstem und gütigem Ausdruck, in einer Haltung, für
die ich kein bezeichnenderes Beiwort finde als: feierlich,
einer Königin vergleichbar, umgeben von ihren anmuthigen
Töchtern und Schwiegertöchtern. Sie Alle waren wegen
eines Todesfalls, der kürzlich die Familie Allatini be-
troffen hatte, in tiefste Trauer gehüllt. Diese feierliche
Begrüßung, die zugleich eine sehr herzliche war, war
wahrhaft imposant.

Während wir noch die uns zum Willkomm darge-

streckten Hände drückten, bot uns schon ein arnautischer
Diener, der sich auch im Salon seines Waffenschmucks
nicht entledigt hatte, auf einem silbernen Teller in
kristallener Schaale eine klebrige Süßigkeit an. Mein
Nachbar, der die Sitten des Orients besser kannte — es
war unser Gesandter in Serbien, Graf Bray — nahm
einen Löffel voll in den Mund und spülte die auf der
Zunge haftende, unglaublich süße Masse mit Wasser
hinunter. Ich beobachtete ihn genau und machte es
gerade wie er. Es schmeckte gar nicht schlecht. Es waren
in Zucker eingekochte Früchte, deren ursprüngliches Wesen
ich vor lauter Süßigkeit nicht mehr erkennen konnte.
Unmittelbar darauf wurde uns der sehr wohlschmeckende
türkische Kaffee mit Cigaretten gereicht. Auch mit diesem
Kaffee wird, wie mit der Süßigkeit, der unkundige Laie
nicht ohne Weiteres fertig; es gehört vielmehr eine gewisse Gewandtheit dazu, um ihn kunstgerecht mit Genuß
zu schlürfen. Die kleine Schaale Kaffee war bald ge-
leert und nach wenigen Minuten wurden wir entlassen.

Wir waren vom frühen Morgen unterwegs gewesen, hatten viel Staub geschluckt, und bei uns Allen
machte sich das Bedürfniß einer gründlichen Reinigung
in herrischer Weise geltend. Unten erwarteten uns die
Diener, die einen mit unserm Handgepäck, die anderen

mit Laternen, und führten uns über die Straße in ein
wenige Schritte von dem Allatini'schen Palais gelegenes,
ebenfalls fürstlich eingerichtetes Haus, in dem die Zimmer
für uns bereit waren. Und was waren das für Zimmer,
und wie waren sie hergerichtet!

Die zahlreichen Gastzimmer waren für den Empfang
des Besuchs aus dem Abendlande offenbar von Grund
auf neu in Stand gesetzt. Hätten sie nicht den Eindruck
der größten Behaglichkeit gemacht, so würde man ge=
glaubt haben, daß sie nie zuvor bewohnt gewesen seien.
Die kostbaren Bezüge der Polstermöbel, die prachtvollen,
orientalischen Stoffe der Vorhänge und Portièren, Alles
das war funkelnagelneu; aber es wirkte in seiner feinen
Farbenabtönung und in Verbindung mit den alten, herr=
lichen Teppichen, die den Boden bedeckten und auch als
Wandschmuck angebracht waren, so vertraulich und ge=
müthlich, wie ein wohlbekannter, oft betretener Raum.
Die liebevolle Aufmerksamkeit der Wirthe hatte Alles
vorbedacht, was dem Gaste irgendwie angenehm sein
konnte. Die Flacons auf dem Toilettentisch waren mit
allen Wohlgerüchen Arabiens gefüllt, auf dem Tische
standen eingemachte Früchte, Eiswasser, Wein, Zucker,
Cigaretten in allen Formaten, auf dem Schreibtisch
lagen Briefbogen und Umschläge in allen Größen, Federn,

Bleistifte u. s. w. Ein wohlgeschulter, discreter Diener
erfüllte vorahnend jeden Wunsch, den man irgend hegen
konnte. Kurzum, wir fanden eine Gastlichkeit, wie sie
großartiger und liebenswürdiger die kühnste Einbildungs-
kraft nicht ersinnen konnte. Daß ich unter solchen Bedingungen die Menschen und Dinge in Saloniki unwillkürlich in einem rosigen Lichte betrachtet habe, wird man
begreiflich finden.

IV.
In Saloniki.

Bei Colombo. — Die Damenkapelle. — Der Olymp, Ossa und
Pelion. — Ein Blick auf die Stadt. — Die Gefangenen auf dem
Blutthurm. — Der Triumphbogen.

Zu vorgerückter Abendstunde war im Hotel Colombo
ein großes Festbankett angesetzt, dem die obersten türki=
schen Würdenträger mit dem Militärgouverneur der
Provinz an der Spitze beiwohnen sollten. Ein albane=
sischer Diener, eine herkulische Gestalt, dessen schneeig
weiße gefältelte Fustanella und goldgestickte Jacke immer
wieder meine Blicke auf sich lenkten, schritt mit der
Laterne in der Hand vor mir her und führte mich in's
Hotel. Alle Allatini'schen Gäste wurden auf diese Weise
von Fackelträgern nach dem Festlocale geleitet. Heute
waren diese Albanesen wohl nur eine Ehrenescorte; denn
die Straßen waren hell, aus allen Fenstern der dicht
aneinander gerückten Häuser fluthete das Licht auf die
Gassen, und zum Ueberfluß brannten auch noch die
wenigen Laternen.

Der Festsaal im Hotel Colombo war sehr reich, wenn auch nicht sehr geschmackvoll geschmückt, und bei der großen Anzahl der Gäste, die unbedingt unterzubringen waren, mußten die Tischgenossen sehr dicht aneinander rücken. Nach dem ersten Gange wurde an's Glas geklopft, und ich hörte eine erste Rede, die allen meinen Erwartungen entsprach. Ich konnte mir die Fortsetzung denken. Und da ich schon in meinem Leben mancher Festlichkeit beigewohnt habe, da mir goldstarrende Uniformen, schwarze Fräcke und weiße Binden, Orden und breite seidene Bänder gerade kein ungewohnter Anblick sind, die Hitze aber unerträglich wurde und ich das beruhigende Gefühl hatte, daß ich gewiß nicht vermißt werden würde, schlich ich mich, während der Redner von diesem neuen Siege der Humanität und Cultur sprach, unauffällig von dannen.

Im Garten des Hotels, in dem sich eine zahlreiche Gesellschaft der Bewohner von Saloniki zusammengefunden hatte, war es wundervoll frisch und balsamisch. Es war eine ganz herrliche Nacht. Es dauerte auch gar nicht lange, so folgten verschiedene andere gute Leute dem bösen Beispiel, daß ich ihnen gegeben hatte. Wir setzten uns unter Gottes freiem Himmel an einem runden Tisch zusammen und tranken gutes Bier. Die Vorträge

einer Damenkapelle störten uns nicht weiter. Ein Orts=
kundiger rühmte die Tugend dieser Mädchen, und wir
glaubten ihm willig, als wir dieselben näher betrachtet
hatten. Sie spielten und sangen verschiedene Stücke
aus „Fatinitza“, „Gasparone“, „Lustige Krieg“ u. s. w.
und zwar mit der rührendsten Temperamentlosigkeit und
Steifheit. Ich machte eine Wette, daß unter sechs der
musicirenden jungen Mädchen wenigstens vier aus Preß=
nitz seien, und ich gewann sie großartig: alle sechs, die
wir befragten, waren aus Preßnitz — aus jenem un=
heimlichen Städtchen, das die ganze Welt mit böhmischen
Musikanten und Musikantinnen versorgt.

Gegen ein Uhr Morgens merkte ich doch allmählich,
daß ich in der vergangenen Nacht in Nisch kein Auge
geschlossen und einen aufregenden, anstrengenden, schönen
vollen Tag hinter mir hatte. Würdig und schweigsam
wie immer geleitete mich mein Albanese, den ich ganz
vergessen hatte, der aber in dem Augenblick, als ich
mich nach ihm umsah, wie aus einer Versenkung aufge=
stiegen vor mir erschien, durch die nun still und leer
gewordenen krummen und engen Gassen nach Hause.
Da übergab er mich wohlbehalten dem geschickten und
ruhigen Manne, der mir eigens zur Dienstleistung bei=
gegeben war, und dieser führte mich in mein hell er=

leuchtetes Schlafzimmer, in dem die Fenster noch weit
offen standen, und in das die wundervolle Luft der
frischen Nacht hereindrang. Er empfahl sich, nachdem
ich ihn verabschiedet hatte, mit dem Wunsche einer guten
Nacht, und dieser Wunsch wurde in großartigster Weise
erfüllt. So müde ich war, ich blieb doch wohl noch
eine Stunde an dem breiten Fenster sitzen, durch das
vom Meere her die köstlichste Luft wehte. Ich dachte
unwillkürlich an das Bild, das Heinrich von Kleist für
eine frische balsamische Sommernacht in zweien seiner
schönsten Dramen gebraucht:

Und weil die Nacht so wohlig mich umfing,
Mit blondem Haar, von Wohlgeruch ganz triefend,
Ach, wie den Bräutigam die Perserbraut . . .

Ja, es war eine unvergleichliche, würzige, blonde
Nacht. Alles ringsum lag in mattem Mondeslichte wie
in einen silbernen Schleier gehüllt, kaum erkennbar,
lautlos vor mir. Von Zeit zu Zeit hörte ich jedoch ein
merkwürdiges Geräusch: ein Aufklopfen auf das Pflaster,
wie mit einer metallenen Keule. Ich hörte es in regelmäßigen Zwischenräumen wieder und wieder und merkte
nun, daß es der orientalische Nachtwächter war, der
durch das Aufklopfen mit seinem metallbeschlagenen Stocke
schallend verkündete, wie gewissenhaft er seines Amtes

walte. Bei uns ist das Tuten und Pfeifen der Nachtwächter mit der Zeit abgeschafft worden, weil man sich
wohl überzeugt haben mag, daß diese nächtlichen Ruhe-
störungen von Amts wegen keinen andern Zweck haben,
als die Diebe zu benachrichtigen, daß Gefahr im Anzuge
ist, und den friedlichen Schläfer in unliebsamer Weise
zu wecken. Im Orient aber klopfen die Wächter noch
immer mit ihren Stöcken auf die Steine, und der
weithin dröhnende Schall dieses Aufklopfens hat mich
namentlich in Konstantinopel oft in meiner Ruhe gestört.
Aber alle Bemühungen des Wächters von Saloniki, mich
wach zu erhalten, waren vergeblich. Ich schlief, sobald
ich die Kerze gelöscht hatte, fest ein und entschädigte
mich reichlich für alle Mühseligkeiten und Qualen, die
ich in Nisch hatte erdulden müssen.

Als ich am andern Morgen erwachte, traute ich
meinen Augen kaum. Von meinem Bett aus hatte ich
den schönsten Anblick, den man haben konnte. Vor mir
die breite tiefblaue Wasserfläche des Aegäischen Meeres
und im Hintergrunde in wunderbarster Beleuchtung die
herrlichen Berge Thessaliens: der alte Olymp, und zu
den Füßen des ehrwürdigen, seltsam schönen Berges in
wunderlichen Umrißlinien Ossa und Pelion; zwischen
diesen und dem Olymp ein dunkler Einschnitt: das Thal

Tempe. Wenn man den herrlichen Olymp von Saloniki
aus sieht, so begreift man, daß das vom regsten Schön=
heitsgefühl durchdrungene Volk der Griechen gerade
diesen als den Sitz der unsterblichen Götter auserkoren
hat. Der arme Olymp hat unter der hellenischen Götter=
dämmerung schwer zu leiden gehabt. Jetzt haust in den
malerischen Schluchten das verworfenste Gesindel der
Welt. Die verwegensten Räuberbanden haben da ihre
Zuflucht gefunden, und allen Fremden, die das natür=
liche Verlangen hegen, sich die verlassene Wohnstätte der
Olympier einmal in der Nähe zu besehen, wird bringend
von der Besteigung des Berges abgerathen. Mit Würde
trägt man das Unvermeidliche und seufzt:

> „Da ihr noch die schöne Welt regieret,
> An der Freude leichtem Gängelband
> Selige Geschlechter noch geführet,
> Schöne Wesen aus dem Fabelland!
> Ach! da euer Wonnedienst noch glänzte,
> Wie ganz anders, anders war es da!"

Ja, ganz anders! Aber schön ist es auch heute
noch in Saloniki und wunderherrlich der Blick von der
Stadt auf das Meer und die thessalischen Berge, und
vom Meer der Blick auf die großartige Stadt.

In einem mächtigen Dreieck steigt Saloniki vom
Meere am Berge auf. Ein großer Theil der alten,

gewaltigen, ausgezackten Stadtmauer, die die Stadt um=
schließt, ist noch erhalten. Im untern Theile der Stadt,
der von den Wellen des Aegäischen Meeres gebadet
wird, ist von dieser Mauer freilich nicht mehr viel zu
sehen. Da ist sie zerfallen, vielleicht auch aus Handels=
zwecken zum großen Theil niedergelegt worden. Auf
der mittleren und vollen Höhe des Berges aber ist sie
noch in leiblichem Zustande. Sie führt hinauf zu der
mächtigen Citadelle, die die ganze Stadt beherrscht, und
die mit ihren breiten, viereckigen, kannelirten Thürmen
der Gesammtheit des Städtebildes eine sehr schöne
Krönung giebt. Die Citadelle bildet die oberste Spitze
des großen Dreiecks. In farbigem, reizvollem Durch=
einander klimmen die hellen Häuser in pittoresker Willkür
zur Höhe hinan. Zwischen den in der Sonne funkelnden
Bauten von Menschenhand, aus denen die herrlich
wirkenden, schmalen und hohen Thürme, die Minarehs,
mit ihren Spitzen wie Pfeile aufschießen, ragen .ernst
und schön die tiefgrünen, fast schwarz wirkenden Cypressen
auf. Dieses farbige Gewirr von hellen Baulichkeiten,
die man freilich nicht in der Nähe betrachten soll, mit
den kecken blendend weißen Strichen und den dunkel=
grünen Tupfen — den Minarehs und den Cypressen —
über dem tiefblauen Meere und unter dem tiefblauen

6*

Himmel, hat für das Auge des Nordländers, das sich
in dem farbendürftigen Grau der Heimat zur Genüg=
samkeit geschult hat, etwas wahrhaft Berauschendes.

Die Hafenstraßen sind ungemein belebt. Da sind
mächtige Speicher und Waarenschuppen, Kaufhäuser und
Vergnügungsstätten, Kaffeehäuser und Singspielhallen 2c.
Da hat sich auch ein neues vornehmes Stadtviertel ge=
bildet. Am Meere haben inmitten schöner Parkanlagen
die begütertsten Bewohner von Saloniki ihre Landhäuser
erbaut. Da weht diesen bevorzugten Sterblichen, wenn
es in der Stadt zu heiß und dunstig wird — und in
den heißen Monaten soll es, wenn der Wind vom
Lande kommt, fast unerträglich sein —, das Meer
Kühlung und Frische zu. Da steht auch, weithin sicht=
bar, der früher rothgestrichene, jetzt weißgetünchte, ge=
waltige, runde Genueser Thurm, von seiner früheren
Farbe „Blutthurm" geheißen, der jetzt als Gefängniß
dient. Ein schöner gelegenes Gefängniß mag es in der
gesammten Welt nicht geben, und die dort Gefangenen
führen, wenn der Schein nicht trügt, ein wahrhaft be=
neidenswerthes Dasein. Oben auf der Zinne des
Thurmes, zwischen den Kannelirungen, saßen, hockten
und standen sie da, von unten ganz deutlich erkenntlich,
in jenen unwillkürlich malerischen Stellungen, die den

Orientalen eigenthümlich sind, die einen mit überge=
schlagenen Beinen, andere sich an die Mauer lehnend,
wieder andere den Kopf stützend — wie eine gestellte
Gruppe, unter dem herrlichsten Himmel, und ließen
wohlgemuth ihre Blicke schweifen über das einzige Schau=
spiel, das sich ihnen darbietet: über die terassenförmig
aufsteigende Hügelstadt, über das blaue Meer und die
thessalischen Berge. Sie arbeiteten nicht und unterhielten
sich in größter Gemüthlichkeit. Ich setzte voraus, daß
es nur leichte Verbrecher seien, die da eingesperrt
werden. Mein Begleiter aber belehrte mich, daß dort
nur Mörder untergebracht würden. Vielleicht verhält es
sich aber auch mit diesen Gefangenen wie mit so vielen
Dingen und Persönlichkeiten des Orients: man darf nicht
zu genau hinsehen, wenn man den günstigen Eindruck, den
der erste Anblick gewährt, nicht einbüßen will.

Die Hauptverkehrsader von Saloniki bildet ein
Theil der weltgeschichtlichen Landstraße Via Egnatia,
die vom Bosporus aus längs des Marmara= und
Aegäischen Meeres zum Adriatischen und Jonischen führt,
und die im Alterthum zur Zeit der macedonischen
Eroberungsfeldzüge und der Perserkriege eine hoch=
bedeutende Rolle gespielt hat. In Saloniki gemahnt
heute nur noch ein Denkmal an die uralte Wichtigkeit

dieses Weltwegs: der Triumphbogen des Konstantin. Noch ist der Bogen erhalten, wenn auch der obere Theil schon bedenklich vom Zahne der Zeit angenagt ist. Zwischen den Ritzen der ziemlich groben und sorglos gefügten Ziegel wuchert das Unkraut. Die beiden mächtigen Pfeiler sind in der Höhe von etwa zwanzig Fuß mit Marmortafeln bekleidet, in vier ungefähr gleich hohen Gliederungen, die durch wulstartige Voluten von einander geschieden sind. Diese Marmorplatten stellen in Reliefarbeit einen Triumphzug dar. Sie sind aber so beschädigt und verstümmelt, daß über deren künst= lerischen Werth oder Unwerth kaum noch ein Urtheil möglich ist. Jedenfalls gewähren sie dem Auge kein künstlerisches Behagen mehr. Man erkennt freilich noch ein= zelne Gestalten ganz deutlich: an den vorspringenden Ecken weibliche Gestalten, die wohl Kränze geworfen haben, Züge von Reitern, Pferde, Kameele, Elephanten, auch jubelndes Volk; aber alle diese Figuren sind jämmerlich zugerichtet.

Von sonstigen Denkmälern Salonikis will ich schweigen. Erwähnenswerth erscheint mir vor Allem, daß die verhältnißmäßig ungemein starke jüdische Ge= meinde, von der ich noch sprechen werde, keine Synagoge besitzt, die durch besondere Pracht oder architektonische Bedeutung auffiele. Aus dem Alterthum ist gewiß noch mancherlei, wenn auch in argem Zustande, vorhanden, das der archäologischen Forschung vielleicht eine sehr dankbare Aufgabe stellen würde. Was die späteren Zeiten und unsere Tage Monumentales in Saloniki geschaffen haben, ist nicht sehr erheblich. Am auffälligsten sind die zahlreichen Moskeen, die zum großen Theil früher dem christlichen Gottesdienst geweiht waren und in der üblichen rücksichtslosen, ja rohen Weise für die Zwecke des Islam hergerichtet sind — alles, was an die Kreuzform gemahnt, ist vernichtet, die Mosaik- und Wandmalereien sind übertüncht; pietätlos hat man im Innern gewirthschaftet und ohne irgendwelchen architektonischen Zusammenhang neben den Kuppelbauten die Minarehs wie steinerne Mäste aufgerichtet —, dann die große Baulichkeit der sogenannten Karawanserei, die jetzt eine namentlich von den Bulgaren besuchte Herberge geworden ist, aber auch viele Verkaufsläden hat, ferner aus der neuesten Zeit die großen Niederlagen für Waaren an der Hafenstraße, die langweiligen officiellen Bauten: Kasernen und Regierungsgebäude, und die zum Theil reizenden Villen in den herrlichen Parks und Gärten an den östlichen Ausläufern der neuen Vorstadt, die sich am Meere entlangzieht. Das wäre wohl Alles, und gewiß würde Einzelnes davon eine eingehende

Schilderung rechtfertigen; aber es liegt mir, wie ich gar nicht scharf genug hervorheben kann, ganz außerordentlich fern, eine sachlich anspruchsvolle Schilderung der Denk= und Sehenswürdigkeiten schreiben zu wollen; ich will eben nur die Eindrücke wiederzugeben suchen, die ich bei meiner schnellen Fahrt durch den Orient gewonnen habe; und unter diesen Umständen, die es mir nicht gestatteten, ernsthaft zu prüfen und zu ergründen, ist es ganz begreiflich, daß das Persönliche stärker auf mich eingewirkt hat, als das Sachliche.

In meiner Erinnerung erscheint mir denn auch die merkwürdige uralte Stadt, eine der ältesten Stätten der Cultur, eigentlich kaum als etwas Anderes, denn als ein sonderbarer, ganz eigenartiger und überaus reizvoller Rahmen für die Menschen, die ich in den verwinkelten Gassen, auf der breiteren Hauptstraße und auf den schönen Quais am Meere gesehen habe. Eine malerischere Staffage ist kaum denkbar. Ob Mann, ob Weib, ob Kind, Jüngling oder Greis, ob sie in reiche, prachtvolle Stoffe gehüllt oder jämmerlich zerlumpt sind — all' diese verschiedenartigen Erscheinungen fesseln unsern Blick und entzücken unser Auge, sei es durch ihre seltsame Schön= heit, sei es durch die charakteristische Eigenart auch in ihrer Häßlichkeit und durch die natürliche und ungewollte Anmuth in ihren Bewegungen und in ihrer Haltung.

V.
Die Leute von Saloniki.

Die Juden (Sefardim oder Spaniolen). — Ihr Aeußeres, ihre
Beschäftigung, ihre wirthschaftliche Lage. — Tracht der spaniolischen
Männer und Weiber. — Der Großrabbiner. — Die Dönmeh. —
Das Straßenleben.

Die Angaben über die Einwohnerzahl von Saloniki
schwanken erheblich. Bei der Unvollkommenheit der
türkischen Einrichtungen ist niemals eine genaue oder
auch nur ungefähr genaue Volkszählung vorgenommen
worden. Mitte der siebziger Jahre wurde die Zahl der
Bevölkerung auf etwa 100,000 angenommen. Das
war wahrscheinlich zu wenig. Jetzt schätzt man die Ein=
wohner von Saloniki auf 130,000 bis 140,000 Seelen.
Von diesen rechnet man nur etwa 20,000 auf die
Türken und ungefähr ebensoviel auf die Bulgaren und
die anderen Balkanvölker. Dazu kommen noch etwa
10,000 europäische Christen, und alle Anderen, also zwischen
80,000 bis 90,000, sind Juden. Die Juden sind hier
also in einer alle anderen Confessionen zusammengenommen

überwiegenden Mehrheit. Saloniki ist wohl die an=
sehnlichste Judenstadt der Welt und jedenfalls die jüdische
Hauptstadt des Ostens. Ein gelehrter Kenner des Orients
wollte die Stadt deshalb auch Samaria genannt wissen.

Schon in frühen Zeiten bestand in Saloniki, dem
alten Thessalonike, eine ansehnliche jüdische Gemeinde.
Diese erhielt zu Ende des fünfzehnten Jahrhunderts durch
die grausame Austreibung der Juden aus der Pyrenäen=
halbinsel einen gewaltigen Zuwachs. Von den 300,000
Juden, die aus Spanien vertrieben wurden, wälzte sich
ein großer Theil auf die europäische Türkei, wo sie die
gastfreundlichste Aufnahme fanden, und das schön gelegene
Saloniki bildete einen Knotenpunkt ihrer Ansiedlung im
Osten. Die schon ansässige Judengemeinde ging all=
mählich in die Zuzügler aus dem Westen vollständig auf,
nahm deren Sprache und Gebräuche an, und die jüdische
Gemeinschaft in Saloniki ist seit Jahrhunderten eine ein=
heitlich iberische. Die „Sefardim" (Sefard bedeutet so=
viel wie: Pyrenäische Halbinsel) oder Spaniolen, wie
wir sagen, hatten in ihrer alten spanischen und portu=
giesischen Heimat hervorragende Stellungen eingenommen.
J. M. Jost erzählt in seiner „Geschichte des Judenthums
und seiner Secten", Leipzig 1859, daß diese Sefardim
meist Abkömmlinge und sogar Häupter reicher und an=

gesehener Familien waren, theils Kaufleute, welche See=
handel trieben, theils Staatsmänner von umfassenden
Kenntnissen und geschäftlicher Umsicht, theils Aerzte, theils
Gelehrte von Ruf, welche an Hochschulen Lehrstühle be=
kleideten. Sie sprachen allesammt die spanische und die
portugiesische Sprache, wie sie auf der Stufe der höheren
Lebenskreise durchgebildet war, waren mit dem Schrift=
thum der Halbinsel vertraut und durften eine höhere
gesellige Achtbarkeit und gewisse Vornehmheit in Anspruch
nehmen. „Sie waren überaus betriebsam und hielten
sich fern von Wucher und Trödel und jedem niedern
Kram, so daß sie mit den unteren Volksklassen wenig in
Berührung kamen. Ihre äußere Haltung war diesem
Sinne gemäß, ihre bloße Erscheinung gab zu erkennen,
daß sie nicht in Abgeschiedenheit erzogen waren.“

Die Spaniolen in Saloniki haben bis auf den
heutigen Tag sich die Eigenart ihrer Abkunft bewahrt.
Sie sprechen und schreiben die Sprache ihrer Heimat,
ein veraltetes, mit hebräischen Bestandtheilen versetztes
Spanisch, das von den Spaniern unserer Tage ohne
besondere Schwierigkeit verstanden wird. Ihr Aeußeres
macht im Allgemeinen einen sehr guten Eindruck. Sie
sind fleißig und arbeitsam und scheuen auch die schwersten
körperlichen Anstrengungen nicht. Der Apostel Paulus

schrieb einst an die Bewohner von Saloniki, an die
Thessalonicher: „So Jemand nicht will arbeiten, der
soll auch nicht essen." Die Spaniolen scheinen diese
Mahnung an die christliche Gemeinde zu beherzigen, ob=
wohl sie die Sache eigentlich gar nichts angeht. Sie
sind die Lastträger, die Hafenarbeiter, die Kahnführer.
Man findet unter ihnen Männer von herkulischer Körper=
kraft. Sie sind mit einem Wort die Handarbeiter und
Handwerker, während die Griechen nur die leichteren
Geschäfte betreiben, die Bulgaren hauptsächlich die Feld=
arbeiten besorgen, die Albanesen vorzugsweise als Gala=
bedienen den Reichthum des Hauses, in dem sie angestellt
sind, repräsentiren und die Türken auch hier, wie über=
all, so viel wie möglich faulenzen. Die Spaniolen
gelten als absolut zuverlässig, treu und redlich.

Zu großen Reichthümern haben es nur einige
Wenige gebracht, die Großhändler und Bankiers Allatini
und Modiano vor Allen. Auch die Zahl derer, die sich
eines relativen Wohlstandes erfreuen, ist eine ziemlich
kleine; die Meisten leben in großer Dürftigkeit. Daß
die Juden in Saloniki trotz ihrer Verstandeskräfte, die
gewiß nicht geringer sind als die ihrer Stammesgenossen
in anderen Ländern, trotz ihrer körperlichen Ueberlegen=
heit, trotz ihrer unermüdlichen Thätigkeit und Tüchtig=

keit, im Allgemeinen ein recht kümmerliches Leben fristen,
wird verschiedenen Umständen zugeschrieben; vor Allem
der türkischen Mißregierung, der bisherigen Absperrung
Salonikis von dem eigentlichen Weltverkehr, und dann
auch dem überreichen Kindersegen der jüdischen Ehen.

Aber wenn es ihnen auch nicht allzu gut ergeht,
sie machen doch im Gegensatz zu den schläfrigen und
immer gelangweilt aussehenden Türken und zu den
zurückhaltenden anderen Völkerstämmen der Balkan=
halbinsel einen recht vergnügten und lustigen Eindruck.
Mit einer Naivetät in der Zudringlichkeit und Neugier,
die sich gar nicht beschreiben läßt, umdrängten sie uns,
folgten uns auf Schritt und Tritt, erboten sich zu allerlei
Liebesdiensten, die wir nicht begehrten, lachten vergnügt,
wenn wir sie von uns wiesen, und nahmen es auch
nicht übel, wenn ein mit den Sitten des Landes ver=
trauterer Glaubensgenosse ihnen einen gehörigen Puff
oder eine Ohrfeige gab. Solche körperlich fühlbaren
Aeußerungen des Unwillens wurden ohne besondere
Erregung gegeben und ohne Erbitterung entgegenge=
nommen. Am possirlichsten waren die jugendlichen
Stiefelputzer, die uns straßenlang verfolgten und, sobald
wir irgendwo unvorsichtigerweise den Schritt verlang=
samten oder gar stehen blieben, mit ihren Brettchen vor

uns niederfnieten, um den immer vergeblichen und immer erneuerten Versuch zu machen, die genügend blanken Stiefel doch noch zu putzen.

Die Männer sind fast durchweg stattliche Erscheinungen, und namentlich unter den Kindern und den Greisen findet man auffallend schöne Gesichter. Noch entzückender sind die kleinen Mädchen mit ihren schwermüthigen, wundervollen Augen, die reizend und scheu unter langen Wimpern aufblicken, — mit tiefbraunen und blauen Augen, blonde, goldige und schwarze Lockenköpfe. Die Mädchen heirathen sehr früh und verblühen schnell. In den Jahren, in welchen sich bei uns die Frauenschönheit zur vollsten Blüthe entfaltet, sind die Schönheiten unter den Jüdinnen in Saloniki sehr spärlich. Aber ich habe doch einige auffallende Ausnahmen gesehen: junge Frauen mit herrlichen, ausdrucksvollen Augen, edelgeschnittenen Nasen, frischen Lippen und von jener zauberhaften, in der That nur dem Orient eigenen topasartigen mattgelben Hautfarbe, ohne die wir uns eine Schöne des Morgenlandes gar nicht vorstellen können.

Im Gegensatz zu meinem Freunde Ludwig Pietsch, mit dem ich den unvergeßlichen Pfingsttag in Saloniki verbrachte, und dem ich in künstlerischen Fragen ganz

unbedingt mich unterordne, muß ich doch gestehen, daß
mir auch die Tracht der Weiber durchaus nicht miß=
fallen hat, und daß ich bei der Betrachtung der Jüdinnen
von Saloniki nicht, wie Pietsch, den Mangel des euro=
päischen Corsets schmerzlich empfunden habe. Die
Frauen tragen unterhalb des Busens und über der
Hüfte einen breiten Gurt, der den ziemlich engen Rock
hält. Vom obern Theil des Körpers sind Rücken,
Schulter und Busen nur durch das Hemd oder etwa
noch ein helles Busentuch bedeckt, während der Hals
und der obere Theil der Brust unverhüllt bleibt. Die
Frauen wirken also etwa wie Gestalten aus der Zeit
des Directoriums, wie die „Merveilleuses" mit modernem
herzförmigem Ausschnitt. Das Haupthaar ist völlig
bedeckt durch einen gewöhnlich mit Stickereien, bisweilen
auch mit Edelmetall verzierten Kopfschmuck von schreiend
grüner Farbe, der sich dicht an die Kopfform anschließt
und über den Rücken ähnlich wie ein großes Crapaud
aus der Zopfzeit herabfällt. Ich will gern zugeben,
daß diese Haarverhüllung die weibliche Schönheit nicht
hebt, aber auch dieser viel verlästerte Kopfputz macht
doch einen gewissen Eindruck, den ich nicht als unschön
bezeichnen möchte.

Viel reicher ist die Tracht der Männer. Die

Männer der ärmeren Schichten, Handwerker, Händler, tragen gewöhnlich die breite, farbige Pluderhose, die bis unterhalb des Knies reicht und von dem breiten farbigen Shawl, der um die Hüften geschlungen, gehalten wird, über dem Hemd die kurze Jacke, Alles in bunten Farben, und auf dem Kopf entweder das Fez oder ein mehr oder minder künstlich geschlungenes buntes Kopftuch. Bei den vornehmeren und begüterteren Spaniolen, die die Tracht ihrer Väter noch nicht abgelegt haben, fällt die Pluderhose weg. Sie tragen ein langes Kleid, das bis auf die Knöchel reicht und aus grellfarbigem, bis= weilen gestreiftem Seidenstoff gefertigt ist. Man sieht diese Männerkleider in allen möglichen Farben: in leuchtendem Goldgelb und weichem Himmelblau, auch in tiefem Scharlachroth. Auch dieses Kleid wird um die Hüfte von einem buntfarbigen breiten Shawl ge= gürtet. Ueber diesem Unterkleide tragen sie eine Jacke mit ziemlich breiten Aermeln, die nicht geschlossen ist, ebenfalls aus farbiger Seide, aber immer in einer andern Farbe, als das seidene Untergewand, und über dieser Kleidung den offenen Kaftan, ebenfalls in bunt= farbiger Seide und mit Pelz besetzt. Dieser Ueberwurf wird auch von den Aermeren viel getragen, und an der Qualität des Pelzes erkennt der Kundige auf den ersten

Blick den ungefähren Vermögensstand des Besitzers.
Der Fuchs liefert den gewöhnlichen Besatz. Bei den
Vornehmeren ist das turbanartige Kopftuch seltener.
Sie tragen fast allesammt das Fez.

An der Spitze der jüdischen Gemeinde in Saloniki
steht der Großrabbiner, der mit sehr weitgehenden Macht=
befugnissen ausgestattet ist und unter allen Bekennern
des mosaischen Glaubens im Orient das höchste Ansehen
genießt. In Konstantinopel und neuerdings, soviel ich
weiß, in Sofia giebt es zwar auch Großrabbiner, die
ideell an Macht und Würden dem von Saloniki gleich=
gestellt sind, in Wahrheit nimmt jedoch der jüdische Papst
von Saloniki den hervorragendsten Rang ein. Wenn
er von Rechts wegen eigentlich nur auf religiösem Ge=
biete der oberste Leiter und Ordner sein soll, so übt er
thatsächlich auch auf die weltlichen Angelegenheiten einen
mächtigen und bestimmenden Einfluß. In kleinen und
sogar in sehr großen Streitfällen, und nicht blos zwischen
den Juden, sondern auch zwischen Juden und Anders=
gläubigen, wenden sich die Parteien lieber an die
Weisheit und Gerechtigkeit des Großrabbiners, als an
die türkischen Gerichte, die ihres Amtes sehr saumselig
walten, an die klagenden Parteien sehr bedeutende Geld=
ansprüche stellen und schließlich wegen der Gerechtigkeit

ihres Urtheilspruchs noch stark angezweifelt werden. Die Entscheidung des hohen religiösen Schiedsmannes soll, wie man mir gesagt hat, unbedingt respectirt werden.

In Saloniki giebt es noch eine Secte, die aus den Spaniolen hervorgegangen ist. Die Anhänger werden Dönmeh, Mamini oder Dolmes genannt. Den Bemerkungen, die ich über diese eigenthümlichen Sectirer in den Mittheilungen aus dem Orient von Karl Braun, Julius Grosser u. s. w. gelesen habe, liegen die Angaben des gediegenen Kenners des Orients J. S. von Hahn zu Grunde. Demnach wäre die Secte im Jahre 1667 von dem gelehrten Rabbi Sabatai Sevi gestiftet worden. In der Geschichte des Judenthums von Jost wird der Stifter Schabbathai Zwi geschrieben und keineswegs als ein gelehrter Rabbi, sondern als ein halb verrückter Schwärmer und Fanatiker geschildert, der schon als kleiner Junge von acht Jahren Zeichen einer großen religiösen Ueberspanntheit gab, sich als kaum heranwachsender Jüngling für den Messias erklärte und 1659 in Saloniki als Messias einzog. Er war damals achtzehn Jahre alt. Er fand unter den Juden des Orients zahlreiche Anhänger. Im Herbst 1662 zählten die Anhänger Zwis über 75 000 Seelen. Die Bewegung, die Zwi angeregt hatte, erschien schließlich auch der türkischen

Regierung bedrohlich. Zwi stellte sich dem Sultan
Muhamed IV. und antwortete auf die Frage des Sultans,
ob er der Messias sei, daß seine Anhänger ihn als solchen
erkannt hätten. Darauf sprach der Sultan: „Ich will
Dein Messiaswesen prüfen. Es sollen drei vergiftete
Pfeile auf Dich abgeschossen werden; wenn sie Dich nicht
tödten, halte auch ich Dich für den Messias." Da er-
bebte Zwi. Der Dolmetsch gab ihm den guten Rath,
er möge erklären, daß er die Juden zum Islam bekehren
wolle. Und um der Gefahr des Todes zu entgehen,
befolgte Zwi die Weisungen des Dolmetsch. Er nahm
einem Hofbedienten den Turban ab und setzte ihn sich
auf. Damit war der Sultan zufrieden, beschenkte ihn
und gab ihm eine angesehene Stellung am Hofe. Viele
Anhänger des Zwi traten nun auch, von der Noth ge-
drängt, zum Islam über; aber dieser Uebertritt war
eben ein rein äußerlicher und erzwungener. Die Secte
hat sich durch zwei Jahrhunderte behauptet. Sie hat
auch in Deutschland vereinzelte Anhänger gezählt. In
Saloniki hat sie bis auf den heutigen Tag eine gewisse
Bedeutung beibehalten. Man beziffert die Zahl der
Anhänger des Zwi noch immer auf 4000 Seelen.
Aeußerlich bekennen sie sich zum Islam, sie besuchen von
Zeit zu Zeit die Moskee, aber man glaubt, daß sie im

7*

Geheimen Juden geblieben sind. Natürlich wollen die Juden nichts von ihnen wissen und die Muhamedaner auch nicht. Die Secte selbst ist noch in zwei Gruppen getheilt, die sich gegenseitig ebenfalls feindlich gegenüberstehen. Die Dolmes heirathen nur unter sich und zwar innerhalb ihrer eigenen Gruppe. Infolgedessen ist die Race körperlich heruntergekommen. Die jetzt noch lebenden Anhänger des Zwi sollen sich indessen durch besondere Gelehrsamkeit und geistige Tüchtigkeit auszeichnen.

In Saloniki lernte ich auch die ersten türkischen Straßen kennen, mit ihren unansehnlichen, langweiligen Häusern, deren Fenster ganz vergittert sind. Um das „Fensterln" ist es hier allerdings schlecht bestellt. Aber die Nachricht, daß auserlesene Fremde angekommen seien, hatte doch die vermummten Neugierigen an die kaum durchsichtigen Holzgitter herangelockt, und trotz aller erschwerenden Umstände schienen die verschmitzten Weiber, die hinter den Gittern gestikulirten und lachten, zu jedem Spaß aufgelegt zu sein.

Wir waren von alledem, was wir in Saloniki sahen, von diesem Farbengeflimmer, diesen verwunderlich schönen Erscheinungen wie berauscht. Und dabei dieser herrliche Himmel und diese goldene Sonne, und dieses Leben und Treiben auf der Straße, von dem wir uns

auch wenn wir Süditalien gesehen, doch nichts träumen
lassen! Alles geschieht bei offener Thür und auf der
Straße. Da wird gebacken, gebraten, gekocht, gehämmert
und geschmiedet. Werkstatt, Laden und Schaufenster,
Alles ist vereinigt. Alles ist entweder auf der Straße
unter freiem Himmel oder wenigstens bei offener Thür.
Und dabei dies Geschrei, dies Ausbieten der Waare!
Es ist ein einziges Schauspiel. Alle unsere Nerven
werden angespannt, und die Geruchsnerven nicht am
wenigsten. Ich kannte den merkwürdigen, süßen, wider=
wärtigen und doch balsamischen Geruch, der in den
engen Straßen Salonikis aus den Häusern drang.
Ganz ähnlich roch es im Chinesenviertel von San
Francisco, wenn auch da der Mohngeruch des Opiums
stärker war. Hier war es ein merkwürdiger Mischmasch
von peruanischem Balsam und Faulbaumblüthe, Excercier=
platz und überfülltem Omnibus im Sommer und be=
sonders von Hammelfett. Aber Alles das waren nur
leise Vorgerüche; der richtige Orient sollte mir erst in
den engen Straßen von Konstantinopel entgegenduften.

Durch den Umstand, daß Saloniki bisher von dem
eigentlichen Weltverkehr so gut wie abgeschieden war,
erklärt es sich, daß sich diese eigenthümliche Stadt den
orientalischen Charakter viel reiner, vollkommener und

echter erhalten hat, als die anderen uns ohne besondere
Mühe erreichbaren Städte des Ostens. Selbst die alte
Türkenstadt in Konstantinopel, Stambul, wirkt viel
europäischer als Saloniki; denn auch in Stambul sieht
man mehr schwarze Röcke als orientalische Trachten.
In Saloniki aber gehört der schwarze Rock noch zu den
seltenen Ausnahmen. Die schöne Eigenart, die Saloniki
bis zur Stunde sich noch bewahrt hat, wird freilich dem
heftigen Ansturm vom Westen und Norden her nicht
allzu lange mehr trotzen können. Unsere europäische
Cultur besitzt ja leider eine widerwärtige Kraft des
Uniformirens. Der neue Schienenweg, der Saloniki
in unmittelbaren Zusammenhang mit den Hinterländern
bringt, und der die so überaus interessante und sehens-
werthe Stadt zu einem leicht erreichbaren Reiseziel für
Touristen macht, wird in wirthschaftlicher Beziehung
unzweifelhaft dem wichtigen Hafenplatze des Orients die
größten Vortheile bringen. Aber dieser Nutzen wird
nicht erreicht werden können, ohne dem besondern Ge-
präge der Stadt erheblich zu schaden. Ein serbisches
Sprüchwort sagt: „Von Belgrad bis Saloniki braucht
man hundert Brode." Jetzt würde ein genügsamer
Mensch allenfalls mit zwei belegten Butterbroden durch-
kommen.

VI.
Von Saloniki nach Konstantinopel.

Auf dem Aegäischen Meer. — Die Dardanellen. — Einfahrt in das Goldene Horn vom Marmara=Meer. — Der erste Blick auf Konstantinopel im Morgennebel. — Stambul, Galata und Pera. — Die Dragoman.

Die Fahrt von Saloniki auf dem Aegäischen Meer durch die Dardanellen und das Marmara=Meer nach Konstantinopel gehört zu den angenehmsten und genuß= reichsten Seereisen, die man machen kann. Sie nimmt etwa vierzig Stunden in Anspruch. Wir hatten das wundervollste Wetter, einen sonnigen wolkenlosen Himmel. Das Meer war spiegelglatt und von einer geradezu unwahrscheinlich blauen Farbe, im wahren Sinne des Wortes ultramarin, übermeerblau.

Man hat während der Fahrt nicht eigentlich die Empfindung, eine Seereise zu machen, man glaubt viel= mehr auf einem gewaltigen Strome von unvergleichlicher Schönheit dahinzudampfen. Das Festland verliert man wohl nie ganz aus den Augen.

Das schöne Saloniki, von dem wir uns entfernten,
schien sich immer mehr und mehr zusammenzuschieben.
Bald sahen wir nichts mehr als den weithin leuchtenden
runden Thurm am Ufer, eine glänzende, unruhig be=
wegte Masse mit weißen Strichen, und schließlich ent=
schwand das Ganze in grauem Nebel unseren Blicken.
In den Nachmittags= und Abendstunden fuhren wir an
den langgestreckten chalkidischen Halbinseln vorüber, an
Kassandra und Longos. Vom Berg Athos, jener
einzigen Ansiedlung von Mönchen — es sollen da einige
zwanzig Klöster mit etwa 3000 Mönchen sein, und in
den uralten Klöstern sollen die wichtigsten Urkunden für
die byzantinische Geschichte verscharrt liegen —, konnten
wir nichts mehr sehen, da inzwischen die Nacht herein=
gebrochen war. Imbros und Samothrake zeigen
sich in den Frühstunden und am Vormittage des nächsten
Tages: Imbros im grünen Schmuck der Bäume und
im Grau der felsigen Berge, Samothrake in dem duftigen
violetten Rosa des Morgenlichts wie in leuchtendem
Dunste.

In den Mittagsstunden fahren wir in den Helles=
pont ein. Unweigerlich werden die Erinnerungen an
Hero und Leander und an Lord Byron, der die schmale
Wasserfläche durchschwommen hat, wachgerufen; und

ebenso unausbleiblich halten die Klügsten an Bord ge=
biegene Vorträge über die Wichtigkeit der Dardanellen
für die europäische Politik, über die bedeutsame Rolle,
die sie schon gespielt haben und die sie voraussichtlich
auch in Zukunft noch einmal spielen werden. Es thut
einigermaßen Noth, sich hier die Zeit durch sinnige und
lehrreiche Gespräche verkürzen zu lassen, denn der Weg
durch die Dardanellen ist recht herzlich langweilig. Die
sich eng aneinander drängenden Ufer sind auf der euro=
päischen Seite gerade so reizlos wie auf der asiatischen.
Auf der asiatischen Seite sieht man neben alten Be=
festigungen an der Hauptstation, wo auch der Dampfer
hält, neue charakterlose Gebäude, aus ziemlich gutem
Material hergestellt, deren kasernenartiges Ansehen
darauf schließen läßt, daß sie zu militärischen oder be=
hördlichen Zwecken dienen. Ich glaube, es sind die
Behausungen des Gouverneurs und der Vertreter der
europäischen Mächte.

Während unser Dampfer hält, schießen wie Raub=
vögel einige zwanzig schmale und schnelle Barken, die
von zerlumpten Kerlen geschickt gerudert werden, auf
unser Schiff zu. Die Bootführer drücken durch wilde
unverständliche Schreie und lebhafte verständlichere Gesti=
kulationen ihren Wunsch aus, die Reisenden möchten

doch aussteigen. Einige Passagiere können dem Wunsche, ihren Fuß auf den Boden Asiens zu setzen, auch nicht widerstehen und lassen sich durch das wilde Geschrei und Gezappel der Leute da unten zum Aussteigen ver=leiten. Die Unglücklichen werden von den Schiffern förmlich zerrissen. Ungeachtet aller Stöße und Püffe, die ihnen von den unwilligen Passagieren versetzt werden, reißen die Kahnführer die Neugierigen mit Gewalt an sich, und sobald sie einen oder mehrere glücklich im Kahne haben, schießen sie wie der Blitz davon, ohne auf deren besondere Wünsche irgendwelchen Werth zu legen. Ich sah hier zum ersten Mal, wie man im Orient mit menschlicher Waare umgeht, und hier frappirte es mich noch; später wunderte ich mich nicht mehr darüber.

Während die Vorwitzigen sich eine halbe Stunde von der Sonne am asiatischen Ufer schmoren ließen, erklommen alle möglichen Händler unser Schiff. Die Einen hatten Eßwaaren, die sie unter den Passagieren der zweiten Kajüte feilboten. Es befanden sich darunter seltsame Leckerbissen, unter Anderm sah ich einen ganzen Hammelkopf. Ich glaube, er war gepökelt. Er hatte eine schöne rosa=bräunliche Farbe. Das vom Tode ge=brochene Auge und alle Zähne waren conservirt. Es sah fürchterlich aus. Andere brachten Kunstgegenstände, zumeist plumpe Töpferarbeiten, die fast alle das Pferd von Troja darstellen. Aber das ewige Pferd war auch variirt, es gab auch Löwen von Troja, Enten von Troja, dumme, unbeholfene, rothe Dinger in alberner Gestalt, in schreienden Farben lasirt, mit unmotivirten Löchern. Man sagte mir, es seien Trinkgefäße; ich glaube es aber nicht; es gehört wenigstens eine besondere Geschicklichkeit dazu, in diese Gefäße eine Flüssigkeit zu füllen, ohne daß sie durch irgend eins der zahlreichen Löcher wieder herausläuft.

Am Abend war bei dem dämmerigen Lichte des Mondes auf Zwischendeck Tanz. Man sagte mir, es seien Bulgaren, die da tanzten. Es war eine komödien=hafte Grazie, ein kokettes Wiegen des Oberkörpers und der Hüften. Die Tänzer buckten sich, sprangen, machten Stechschritte und hoben in schöner Rundung die Arme auf.

Es hatte etwas von spanischer Grandezza; aber es sah gar nicht volksthümlich aus, sondern wie ein schlechtes Ballet. Es fehlte die Naivetät, es war be=wußt und anspruchsvoll. Die abscheuliche Musik mit ihren kurzen monotonen Phrasen, die sich immer wieder=holten, von einem Dudelsack und einer Guitarre aus=

geführt, war dagegen unzweifelhaft echt und national, wenn auch durchaus nicht schön.

Die Reisegesellschaft bestand zum großen Theil aus den türkischen Würdenträgern und den Finanz= fürsten, die zur Einweihung der Bahn nach Saloniki gekommen waren. Unser Dampfer „Oreto" gehörte einer neuerrichteten italienischen Linie an, und der Kapitain machte die erste Fahrt. Daher mochte es wohl kommen, daß er sich um die Reisenden ganz und gar nicht bekümmern konnte. Die Bedienung war im Gegensatz zu der Bedienung, wie ich sie auf anderen Schiffen immer gefunden habe, ziemlich unwillig, träge und unfreundlich, die Verpflegung geradezu abscheulich. Den Speisezettel der table d'hôte am ersten Mittag habe ich mir aufgehoben. Da gab es erst Suppe, dann Maccaroni, dann Wurst mit Oliven, dann Huhn mit Paradiesäpfeln, dann Fisch mit Citrone, Chocoladen= crême mit Brodstückchen und Käse. Alles war schlecht. Auch die engen Kajüten mit den viel zu kurzen Betten ließen viel zu wünschen übrig. Aber mein Reisebegleiter Julius Grosser und ich, — wir schickten uns willig in das Unvermeidliche. Wir hofften für diese kleinen Be= schwerlichkeiten durch das einzige Schauspiel, das uns der erste Anblick Konstantinopels und des Goldenen

Horns gewähren sollte, mehr als reichlich entschädigt zu werden.

Aber ein Philosoph aus dem Volke sagt: Es kommt immer anders als man denkt. Und der brave Mann hat Recht. Wozu soll ich beschönigen, was nicht zu beschönigen ist? Der einzige Anspruch, den diese flüchtigen Blätter machen, ist ja der der Wahrhaftigkeit, und ich würde die Unwahrheit sagen, wenn ich behaupten wollte, daß mich unter den besonders ungünstigen Umständen, die diesmal obwalteten, die Einfahrt vom dem Marmara= Meer in das Goldene Horn nicht enttäuscht hätte. Hätte der Capitain auf die Wünsche seiner Passagiere ein wenig Rücksicht genommen, so hätte er es mit Leichtigkeit so einrichten können, daß sich bei aufgehender Sonne der herrliche Anblick uns dargeboten hätte. Er hätte nur eine Stunde länger in der Dardanellenstation zu bleiben oder ein wenig langsamer zu fahren brauchen. Aber er war eben ein Neuling, und ihm war nichts daran gelegen, ob seine Passagiere befriedigt würden oder nicht.

Die Sonne war noch nicht einmal aufgegangen, als das unvergleichlichste und großartigste aller Städte= bilder im grauen Dunste des Morgennebels kalt und freudlos vor uns auftauchte. Das Goldene Horn er=

heischt aber zur Rechtfertigung seines Namens die Mit=
wirkung der vergoldenden Sonne; und das belebende
Licht fehlte. Während wir am Tage vorher den heitersten
und blausten Himmel gehabt hatten, hingen jetzt graue
dicke Wolken tief herab. Im Osten freilich zeigte sich
ein helleres Licht, aber das Häusergewirr am Ufer des
Marmara=Meeres, des Bosporus und des Goldenen
Horns lag wie in einen grauen Sack verpackt vor uns.
Wir mußten uns beträchtlich nähern, bevor wir das in
der That einzige Bild, wenn auch noch immer unter
ungünstigen Bedingungen, ungefähr überschauen konnten.
Wir sahen da die zerrissenen Küsten mit den hochauf=
steigenden Ufern, bedeckt mit Bauwerken wunderlicher
Art, in der Wirkung zum Theil von unbeschreiblicher
Herrlichkeit.

Wir umfahren die Serajspitze mit dem großartigen
Palast und sehen hier zum ersten Mal ein Stück der
alten Mauer. Aus all den Häusern, die die Höhe
hinanklettern, thürmten sich gewaltig und in den schönsten
Verhältnissen die machtvollen Riesenbauten der Moskeen
auf, mit ihren mächtigen Kuppeln, die von kleinen
Kuppeln umlagert sind, flankirt von den kühn, frei und
leicht aufstrebenden Minarehs, die den schweren Stein=
massen, die sie umlagern, Schwingen zu geben scheinen.

Erst hier empfindet man voll und ganz die Wirkung des Minarehs als eine Schöpfung des feinsten Kunstsinns. Vor Allem wird unser Blick durch die berühmte Agha Sofia gefesselt; aber auch die Moskeen der Sultanin Valide, Suleimanieh und wie sie alle heißen, entzücken unser Auge durch ihre architektonische Schönheit und ihre wunderbare Lage; sie thronen wie Herrscher, die Alles unterjochen. Während wir die Spitze umfahren, verschieben sie sich vor unserm Blick. Wäre es nur weniger neblig grau, wäre nur ein bischen goldige Sonne da, es müßte berauschend sein! Zu unserer Rechten, der Serajspitze gegenüber, sehen wir auf dem asiatischen Ufer in der Ferne Skutari liegen, jetzt kaum erkennbar, nur eine hellere Masse im Nebel, überragt vom schwärzlichen Grün eines mächtigen Cypressenhaines.

Wir fahren nun in das Goldene Horn ein. Zu unserer Linken liegt das alte Stambul mit den Palästen und Moskeen, von denen ich eben gesprochen habe, zu unserer Rechten sind die Stadttheile Galata in der Tiefe und Pera auf der Höhe. Zwei mächtige Brücken führen von Stambul nach Galata hinüber. Die neue Brücke, die erste, bildet eine der Hauptverkehrsadern. Da wogt vom frühen Morgen bis in die späte Nacht hinein ein Leben und Treiben, das einzig in seiner Art ist. Da überschaut man auch am besten die drei Städte Stambul, Galata und Pera, die den gemeinsamen Namen Konstantinopel führen.

Galata und Pera würden im Vergleich zu der überwältigenden Schönheit des alten Stambul ziemlich langweilig und reizlos ausschauen, wenn nicht der un= bewußte Kunstsinn der Orientalen in Galata den ge= waltigen runden Thurm aufgerichtet hätte, der sehr leb= haft an den von Saloniki erinnert, und der hier das Städtebild in ganz erstaunlicher Weise belebt und ver= schönt. Die Kuppeln und Spitzen der Moskeen fehlen, und das Häusergewirr, dessen steinige Gedrängtheit er= freuliche Abwechselung durch das tiefe Grün der zahl= reichen Kirchhöfe erfährt, würde ohne jenen Genueser Thurm, der trotzig und stolz auf das Gehudel unter sich blickt, nüchtern und einförmig wirken. Galata scheint mir eine Art City zu sein. Da sind auch die größten Geschäfte. Pera wird fast ausschließlich von Europäern bewohnt. Da residiren die Vertreter der fremden Mächte, und auf der höchsten Spitze des Berges, auf dem Pera sich aufschichtet, steht das weithin sichtbare Palais der deutschen Botschaft. In diesem Stadtviertel befinden sich auch alle europäischen Gasthöfe. In dem alten und schönen Stambul wohnen wohl nur Türken und Orientalen.

Zu diesem Stambul mit seinen bewundernswerthen Auf=
ragungen in Kuppeln und Spitzen schweift immer wieder der
entzückte Blick hinüber, immer wieder zu den Moskeen, die
jetzt, auf dem grauen Himmel, in ihrem gräulich weißen
Marmor, von Zeit zu Zeit durch einen Sonnenhusch flüchtig
vergoldet, in herrlicher malerischer Pracht wirken.

Unter fortwährendem Angstgebrüll der Dampfpfeife
windet sich unser Schiff durch die zahllosen größeren
und kleineren Dampfer, die unsern Weg kreuzen, und
durch die schnellen, schlank und anmuthig gebauten
Boote, die Kaiks, die vor uns vorüberschießen oder
neben uns her getrieben werden. Als endlich unser
Schiff den Anker herabläßt, drängen sich die Boote in
ungezählter Menge, den Bedarf um das Doppelte und mehr
übersteigend, hart an den schwarzen Leib unseres Dampfers.

Mit Lebensgefahr, in wahnsinniger Hast, mit
Rempeln und Stößen suchen die Bootführer die schmale
Schiffsbrücke zu erreichen, und unter beständigem Schreien
und Gestikuliren klettern sie, gefolgt von dem Troß
der Dragoman, zu uns herauf und stürzen nun wie
hungrige Raben auf ihre Atzung. Wir müssen unser
Handgepäck wie gegen einen fremden Feind vertheidigen,
und es gehört eine nicht unbeträchtliche physische und
seelische Stärke dazu, um sich vor dem Ungestüm dieser

Paul Lindau, Aus dem Orient. 8

Dienstfertigen zu bewahren und sich in diesem Ansturm das Recht der Selbstbestimmung nicht verkümmern zu lassen.

Alle Welt weiß, daß man unter „Dragoman" einen Commissionär oder Fremdenführer zu verstehen hat, der außer der türkischen und griechischen Sprache noch irgend eine andere Cultursprache, deutsch, französisch oder englisch, mehr oder minder gut spricht, und dessen der Fremde nicht wohl entbehren kann. Der Dragoman ist der stete, nothwendige, aber nicht sehr angenehme Begleiter des Fremden, der die Sehenswürdigkeiten der Stadt und der Umgegend in Augenschein nehmen oder in das Labyrinth des Bazars eindringen und mit den dortigen Händlern irgend einen Vertrag abschließen will. Es wäre eine kühne Behauptung, wollte man sagen, daß diese Leute absolut zuverlässig seien. Auf mich wenigstens hat es immer so gewirkt, als ob sie die Auslagen, die sie im Laufe des Tages machen, etwas reichlich berechneten und mit den Händlern im Bazar, denen sie die Fremden zuführen, geheime Abmachungen hätten, die eine für den Käufer nicht vortheilhafte Gemeinsamkeit der Interessen zwischen den Beiden, dem Verkäufer und dem Dragoman, herstellen. Ortskundige behaupten sogar mit voller Bestimmtheit, daß die Dragoman von den Verkäufern Procente beziehen, die je nach der Höhe der Uebertheuerung

bedrohlich zunehmen. Daß es in der großen Gilde auch
durchaus ehrliche Makler geben mag, will ich keineswegs
in Abrede stellen, aber im Großen und Ganzen ist meiner
Meinung nach den Leuten nicht vollkommen zu trauen.

Mir sind sie überdies immer eine lästige Gesell=
schaft gewesen. Die geschäftsmäßig abgeleierte Erklärung
von Dingen, die man gar nicht wissen will, und das
völlige Unverständniß für Dinge, die man erfahren
möchte, haben mich oft nervös gemacht. Ich war jedes=
mal froh, wenn ich diese leidige Begleitung loswerden
konnte. Die Beiden, mit denen ich mein Heil versucht
habe, sprachen übrigens recht herzlich schlecht deutsch und
französisch. Der Eine war ein polnischer Jude, der
Andere ein Grieche. Der Erstere war der viel Ge=
wandtere und Rührigere, aber er sprach mir zu viel.
Ich muß ihm übrigens nachrühmen, daß er die Zoll=
abfertigung, die, wenn man des Landes Bräuche nicht
genügend kennt, eine unendliche Zeit in Anspruch nimmt
und mit den albernsten Belästigungen verknüpft ist, sehr
schnell und gut erledigt hat. Die Zollbeamten sind sehr
duldsam und vernünftig, wenn sie richtig behandelt
werden; darunter versteht man ein Trinkgeld, dessen
Höhe je nach der Zahl und Größe der Koffer von dem
Sachverständigen abgeschätzt und gegeben wird.

8*

VII.

Die Straßen von Konstantinopel.

Der erste Anblick. — Das Pflaster. — Das Hotel. — Großartige Finanzwirthschaft. — Die deutschen Paschas. — Das langsame Tempo. — Der Straßenlärm. — Die Ausrufer. — Hunde.

Gleich die ersten Schritte in Konstantinopel geben uns eine gute Vorstellung von dem Innern der Stadt. Das Zollgebäude ist eine alte, häßliche baufällige Baracke. Wir durchschreiten einen Gang von unbeschreiblichem Schmutze und gelangen auf eine Straße, die doch noch schmutziger ist.

Trotz der frühen Morgenstunde ist diese enge Straße, in die wie durch das Walten des Zufalls Steine verschiedener Größe und von mannigfaltigster Profilirung eingerammt sind — das soll das Pflaster sein —, schon sehr belebt. Da liegen und kauern Bettler in entsetzlichen Verkrüppelungen, ganz zerlumpt, von Unsauberkeit starrend, die mit widerwärtiger Süßlichkeit in ihrem flehenden Tone ihre schrecklichen Verunstaltungen uns entgegenstreckten. Händler mit allerlei Waaren bepackt, schlendern unter beständigem Schreien an uns vorüber. Scheußliche Hunde, zu Klumpen geballt, liegen ringsumher und rühren sich nicht vom Fleck, so daß wir um sie herumgehen müssen. Andere dieser häßlichsten Bestien der Schöpfung durchwühlen die Kehrichthaufen, die vor den Häusern liegen und liegen bleiben, so lange es Gott gefällt. Zerbrochene Scherben, Abfälle aller Art, zerknüllte Zeitungen, Papierfetzen, Alles das treibt sich auf dem Boden herum, und aus diesem Kehricht und aus den Häusern bringt der Gestank in allen Scalen des Ekelerregenden. Die erbärmlichen Häuser, die in grellen Farben gestrichen sind — in der Ferne wirken sie wunderbar —, erscheinen hier mit ihrem abgebröckelten Kalk, verwittert und zerfallen, in ihrem ganzen Jammer. Zwischen den Häusern sehen wir in mäßigen Abständen öde Strecken mit Trümmerhaufen. Es sind die Brandstätten; denn was einmal in Konstantinopel niederbrennt, das bleibt Schutt. Das unerklärliche Räthsel hat mir Niemand in genügender Weise entziffern können. Die Besitzfrage an Grund und Boden soll in Konstantinopel so zweifelhaft sein, daß Niemand die Frage, wem das Grundstück eigentlich gehört, zur Entscheidung zu bringen wagt. Und wenn die Baulichkeit, die darauf gestanden

hat, vernichtet ist, nun dann tröstet man sich eben mit
dem Verluste und läßt im wahren Sinne des Wortes
Gras darüber wachsen. Das ist überhaupt eine der
Eigenthümlichkeiten, die dem Abendländer in der Türkei
am meisten auffallen: dieser gänzliche Mangel an der
Pflege und Erhaltung des Bestehenden. Man denkt gar
nicht daran, dem Zerstörungswerke der Zeit und des
Zufalls entgegenzuarbeiten. Was zerfällt, zerfällt, und
aus diesen Ruinen blüht kein neues Leben.

Steile, stellenweise sogar sehr steile enge Straßen
führen von Galata zur Höhe von Pera hinauf. Die
Gutwilligkeit und Leistungsfähigkeit der armen, meist
recht schlecht gehaltenen Pferde, die vor die Miethswagen
gespannt sind, ist bewunderungswürdig. Mit Anspannung
aller ihrer Kräfte ziehen die guten Thiere die schweren
Wagen den ihnen nur allzu bekannten Weg hinauf.

Und welcher Weg! welches Pflaster! Alle Welt
weiß, in einem wie schauderhaften Zustande sich die
Straßen von Konstantinopel befinden, und doch fühlt
jeder Fremde sich gedrungen, über diesen wirklich ent=
setzlichen Mißstand seine klagende Stimme zu erheben.
Man scheint eben die ersten besten Steine, die gerade
zur Stelle waren, eingepflastert und dem Arbeiter selbst
es überlassen zu haben, nach ungefährem Augenmaß den

Fahrdamm zu ebnen. Der Wagen versinkt bald in eine
tiefe Kute, bald wird er nach rechts, bald nach links
geschleudert. Der unglückliche Fahrgast wird in unbe=
schreiblicher Weise gemartert. Bald erhält er einen un=
erwarteten Stoß von unten, bald einen Schub nach vorn.
Er wird erbarmungslos durchrüttelt und durchschüttelt
und schließlich wie gerädert am Bestimmungsplatze ab=
geladen. Die Qualen werden natürlich noch durch das
sehr langsame Tempo, in dem es bergauf geht, erhöht,
die Nerven des Insassen durch das beständige Schreien
der Kutscher: „Guarda! Guarda!“, die sich mit diesem
Mahnruf den Weg durch die dichten Volkshaufen bahnen,
gereizt.

Ich hatte mir in einem Hotel, das mir überein=
stimmend als das beste bezeichnet war, ein Zimmer be=
stellt. Die Hotels von Pera sind auch ungefähr auf
europäische Weise eingerichtet, das heißt nicht etwa wie
die Hotels der europäischen Großstädte, sondern wie die
Gasthäuser in bescheidenen Mittelstädten, vielleicht in
Einzelheiten etwas eleganter als diese, aber im Großen
und Ganzen gewiß weniger sorgfältig. Es scheint hier
in der Luft zu liegen, daß man die Sachen gehen läßt
wie sie gehen. Ist einmal ein Teppich zerrissen oder
eine Tapete befleckt, ein Möbelüberzug schadhaft, so bleibt

es eben, wie es ist. Aber ich will nicht klagen, ich
hatte meine Ansprüche überhaupt nicht hoch gestellt. Ich
fühlte mich ganz wohl geborgen. Ich hatte ein ge=
räumiges Zimmer, das freilich keineswegs kostbar, dafür
aber um so geschmackloser eingerichtet war. Die Preise
fand ich ziemlich hoch. Für Zimmer und Pension —
in Konstantinopel wird der Verzehr beim Frühstück und
beim Diner mitberechnet, ob man nun im Hotel speist
oder nicht — hatte ich täglich vierzig Franken zu be=
zahlen. Ich glaube, daß ich im besten Berliner oder
Wiener Hotel ungefähr mit der Hälfte ausgekommen
wäre. Die Beköstigung war leidlich.

Für mich waren die Preise um so höher, als ich
meine Mahlzeiten verhältnißmäßig sehr selten im Hotel
einnahm. Aber in der Türkei herrscht in Bezug auf
Berechnung überhaupt eine gewisse Großartigkeit, die
den Fremden, der an die Genauigkeit in unseren Rech=
nungen gewöhnt ist, überrascht. Wie es im Hotel so und
soviel täglich kostet, ob man nun da ißt oder nicht, so
zahlt man z. B. für die Wäsche stückweise, gleichviel
was es nun ist, einen einheitlichen Preis. Ein Dutzend
Wäschestücke kostet vier Franken. Es mögen nun zwölf
weiße Cravatten oder Taschentücher sein oder auch zwölf
Herrenhemden, Staubmäntel und Bettbezüge, es kostet

dasselbe. Die Anhänger der Jäger'schen Lehre, deren
größter Verbrauch an Wäsche in Kragen und Manchetten
besteht, sind hier besonders übel daran.

Dieselbe Großartigkeit in der Behandlung der Geld=
sache äußert sich auch in sehr bezeichnender Weise in
dem Umstande, daß die Fremden, das heißt die in der
Türkei seßhaft gewordenen Nichttürken, keine Steuern
zu zahlen brauchen. Zu einer Zeit, da das fremde Ele=
ment jedenfalls im Reiche des Sultans noch eine sehr
unbedeutende Rolle spielte, wird der vornehme Fürst
mit damals vielleicht berechtigter großherrlicher Gering=
schätzung der Ansicht gewesen sein, daß man die armen
Schlucker, die von außerhalb zugezogen waren, nicht zu
den Lasten für die Erhaltung des Reichs heranzuziehen
brauche; und dabei ist es nun geblieben. Galata und
Pera sind nun aber fast ausschließlich europäische Städte.
Die bedeutenden Finanzinstitute, der Großhandel und
Kleinhandel liegen durchaus in den Händen der Europäer,
und es wirkt eigenthümlich, wenn man hört, daß von
diesen keine Steuern erhoben werden.

Die Deutschen spielen übrigens in Konstantinopel
und, wie ich glaube, im ganzen Orient keineswegs die
hervorragendste Rolle unter den Fremden, sie treten
hinter die Franzosen und Engländer erheblich zurück.

Auch in dieser Beziehung bildet der greise und alters=
schwache Osten den vollsten Gegensatz zu dem jungen
und thatkräftigen Westen. Früher soll es um die
Deutschen in der Türkei noch viel schlimmer bestellt ge=
wesen sein, und erst in jüngster Zeit, nach den großen
kriegerischen und politischen Ereignissen, die auch die
blödesten Augen geschärft und die deutsche Macht haben er=
kennen lassen, haben sich die Begriffe einigermaßen ge=
klärt. Jetzt weiß Jedermann in Konstantinopel wenigstens,
daß Krupp große und gute Kanonen liefert und daß
Deutschland gute Soldaten hat.

Daß diese Erkenntniß sich auch in den entscheidenden
Kreisen oder richtiger bei der entscheidenden Persönlichkeit
des Oberherrn Geltung verschafft hat, ist, wie man weiß,
durch die Berufung einer Anzahl befähigter preußischer
Offiziere zu Tage getreten. Unseren Landsleuten, die
augenblicklich noch als Paschas dem Sultan dienen, ist
die große Aufgabe zugewiesen worden, im praktischen
Dienste wie in der Verwaltung das türkische Heer zu
reorganisiren, also dahin zu wirken, daß das ganze vor=
zügliche Material im geeigneten Fall in zweckmäßigster
Weise Verwendung finde.

In der Anerkennung der Tüchtigkeit, der Genüg=
samkeit, der Zähigkeit und der Tapferkeit des türkischen

Soldaten stimmen alle überein, und es herrscht auch nur eine Meinung darüber, daß aus diesen vorzüglichen Soldaten ein gewaltiges Kriegsheer allererster Ordnung geschaffen werden könnte, und daß lediglich tief einge= wurzelte Mißstände in der Verwaltung und die unge= nügende Fortbildung und Entwickelung, die hinter den militairischen Fortschritten der anderen Länder zurück= geblieben ist, deren Leistungsfähigkeit beeinträchtigt habe. Was unsere militairischen Reformer in Wahrheit bis jetzt erreicht haben, entzieht sich natürlich der Beurtheilung des Laien. Ob sie in ihren Bestrebungen nicht auf Schritt und Tritt vom Widerstande des conservativen Osmanenthums, das eben immer am Althergebrachten kleben bleibt, behindert werden, ob der Einfluß des Heimischen, das den Fremden, die Alles besser machen wollen, natürlich mit unverhohlenem Mißtrauen begegnet, nicht allmählich wieder der überwiegende geworden ist und schließlich auch das Vertrauen des Sultans in's Schwanken gebracht hat, darüber hört man wohl dies und das; aber ich werde mich hüten, nach meinen ober= flächlichen und unmaßgeblichen Wahrnehmungen irgend eine Meinung darüber abzugeben. Die deutschen Paschas selbst bewahren in diesen Fragen die größte Zurück= haltung, wie sich das von selbst versteht, und ich habe

es eben so selbstverständlich bei meinen häufigen Be-
gegnungen mit den Herren Offizieren ängstlich vermieden,
in dieser Beziehung Fragen zu stellen, deren Beant-
wortung ihnen hätte Verlegenheit bereiten können.

Wären die Herren zur Zeit meines Aufenthaltes
in Konstantinopel aber auch weniger zufrieden gewesen,
als sie mir erschienen sind, so hätte ich mich nicht darüber
gewundert. Zu jener Zeit hatten sie nämlich schon seit
einigen Monaten in Folge einer Differenz zwischen der
türkischen Regierung und einem großen Bankinstitute,
das vertragsmäßig die Zahlungen an die deutschen
Paschas zu leisten hatte, keinen Heller bezogen. Ich
muß sagen, die Herren nahmen diese nach unseren landes-
üblichen Begriffen doch geradezu unerhörte Thatsache mit
großartigem philosophischen Gleichmuthe auf. Seitdem
sind nun wieder bis zu dem Tage, an dem ich diese
Zeilen schreibe, beinahe fünf Monate vergangen, und ich
glaube, sie haben ihr Geld noch immer nicht bekommen.
Sie befanden sich übrigens im Vergleich zu den einheimischen Soldaten noch in einer sehr bevorzugten Lage.
Diese hatten seit langer Zeit, ich glaube seit über zwei
Jahren, keinen Sold erhalten.

Bei einer solchen Wirthschaft erscheint es denn
auch erklärlicher, daß man auf eine Bagatelle, wie die

Besteuerung der Fremden, keinen großen Werth legt. Die Türkei benimmt sich wie ein verschuldeter Kavalier, der seine Rechnungen zwar nicht bezahlt, dem es dafür aber auch nicht darauf ankommt, wenn seine Einnahmen geschmälert werden. Ein paar Tausend oder ein paar Millionen Franken Schulden mehr oder weniger, das ist nun ziemlich gleichgültig.

Hört man mit immer wachsendem Erstaunen von diesen Dingen, die uns nach unseren Auffassungen als unfaßbare Ungeheuerlichkeiten erscheinen, und fragt man irgend Jemand, der die Verhältnisse so genau kennt, wie man sie eben in der Türkei überhaupt kennen lernen kann, fragt man: was soll denn daraus werden? so zuckt der Kundige die Achsel und lächelt. Das Klima von Konstantinopel muß eine geheimnißvolle Kraft besitzen, die beruhigend auf die Nerven wirkt. Man ist nicht neugierig, man ereifert sich nicht, und das langsame Tempo der Einheimischen theilt sich sehr bald auch den Fremden mit.

Nichts fällt dem fremden Gaste mehr in's Auge, als dieser behagliche Schlendrian des öffentlichen Lebens. Nur keine Ueberstürzung! Alle Welt geht langsam, spricht langsam, bewegt sich langsam. Die Ruhe, die für die Türken mit Vornehmheit und Würdigkeit unge=

fähr gleichbedeutend zu sein scheint, gilt ihnen als das vor Allem Erstrebenswerthe. Deswegen mögen sie auch die Fremden nicht leiden. Diese sind ihnen unange= nehm wegen ihrer Lebhaftigkeit und Hast, sie erscheinen in ihrer Geschäftigkeit den bedächtigen Osmanen zu zapplig und zu quecksilbern unruhig.

Während die Weltweisen und großen Dichter unserer Heimat die unbefriedigte und nimmer rastende Arbeit als das höchste menschliche Glück preisen, erblicken die Orientalen die irdische Seligkeit im behäbigen Aus= ruhen, im gemächlichen Feiern, im mehr oder minder gedankenlosen Dahinträumen. Wenn man sie so auf den niedrigen mit Stroh beflochtenen Schemeln vor den Cafés sitzen oder an den Süßen Wassern auf den Teppichen sorgen= und bedürfnißlos ausgestreckt liegen sieht, wie sie ihre Cigarette, den Tschibuk oder das Nargileh mit zufriedenem Ernste, in's Blaue blickend, rauchen, ohne zu sprechen, ohne zu lesen, ohne sich um den Nachbar zu kümmern, dann begreift man wohl, daß unter diesem schönen Himmel das göttliche Faulenzen seinen Reiz haben mag. Aber man begreift schwerer, wie dieses süße Nichtsthun den gebieterischen Forderungen der Cultur, die wie eine feindliche Invasion von allen Seiten herandrängt, auf die Dauer wird genügen können.

Ein schwer erklärlicher Widerspruch zeigt sich indessen auch hier. Die Türken, die in ihren Bewegungen die Ruhe über Alles lieben, scheinen für den Lärm vollständig unempfänglich zu sein. Es giebt keine Stadt der Welt, in der von Morgens früh bis zum späten Abend so furchtbar und so andauernd geschrieen wird, wie in Konstantinopel. Abgesehen von der großen Ladenstadt, dem riesigen Bazar, der, wie man glauben sollte, vollkommen ausreichen müßte, um allen Bedürfnissen der Käufer in Konstantinopel zu genügen, und abgesehen von den zahllosen Läden und Markthallen die in dieser Stadt außerdem noch in geradezu verblüffender Menge vorhanden sind, hat Constantinopel einen ambulirenden Straßenkleinhandel, wie wohl keine andere Stadt der Welt.

Von Tagesanbruch bis spät in die Nacht hinein durchziehen in ununterbrochener Reihe Verkäufer, die alle erdenklichen Waaren feilhalten, die engen, krummen, überfüllten Straßen, und jeder einzelne schreit seine Waaren aus, jeder in seiner eigenen Weise. Straßenausrufer giebt es ja überall und besonders in allen Großstädten, das wäre also nichts zum Verwundern; aber das Erstaunliche und Belästigende ist hier die

Masse dieser Ausschreier. Ich wollte mir einmal das
Vergnügen machen, fünf Minuten von meinem Hotel=
fenster aus die verschiedenen Schreier zu zählen und zu
specialisiren, aber nach wenigen Minuten, als ich zwischen
vierzig und fünfzig angelangt war, wurde mir die
Sache langweilig. Das Schreien hört thatsächlich nicht
einen Augenblick auf, und wenn man einigermaßen
Glück hat, kann man in einer Minute zwanzig bis
fünfundzwanzig verschiedene Schreier an sich vorüber=
ziehen sehen. Alle erdenklichen Lebensmittel: Milch,
Gemüse, Obst, Backwaaren, Fische, Fleisch, darunter
Leckerbissen wie Hammelgedärme, die an langen Stangen
zappeln, klebrige Süßigkeiten, ferner alle erdenklichen
Stoffe zur Bekleidung, billiger Schmuck, Spielzeuge,
Teppiche, Spazierstöcke — ich müßte die Liste zu einer
unendlichen machen, wollte ich einigermaßen vollständig
sein — mit einem Worte, Alles, was irgendwie ver=
käuflich ist, wird in wunderlichem, bald schnarrendem,
bald johlendem, bald heulendem monotonem Singsang
ausgeschrieen. Die ambulanten Händler tragen gewöhnlich
den Verkaufstisch, einen hohen Schemel mit drei Füßen,
auf dem Kopf und, wenn die Waaren nach dem Gewicht
verkauft werden, in der Hand eine Waage. Sind die
Verkaufsgegenstände zu platzraubend oder zu schwer, so

werden Pferde und Esel damit bepackt, die gemächlich
hinter dem schreienden Kerl einhertrotteln.

Konstantinopel weist also zur Unterscheidung von
anderen Städten, in denen ja auch geschrieen wird, die
wenig angenehme Besonderheit auf, daß hier den ganzen
Tag über der Zug der wandelnden und handelnden
Schreier ein ununterbrochener ist. Wie im Gänsemarsch
folgt der eine auf den andern; und wenn man sie so
sieht, wie sie langsam und gedankenlos dahinschlendern und
alle Augenblicke ihr abscheuliches Gejohle ausstoßen, so
möchte man sie für blödsinnig halten. Dazu kommt
nun noch das Wagengerassel, das Schreien der Kutscher,
in den Abendstunden das donnerartige Geräusch, das
durch das Herablassen der metallenen Jalousien verur=
sacht wird, das Heulen und Bellen der Hunde, das am
Tage schon recht lästig ist, in der Nacht aber oft
geradezu unerträglich wird, und, damit auch sonst die
nächtliche Ruhe nicht in allzu schroffem Widerspruch zum
wüsten Tageslärm steht, das regelmäßige Aufklopfen der
Wächter mit dem metallenen keulenartigen Stocke auf
das Pflaster . . . es ist recht erbaulich! Während
meines Aufenthaltes in Konstantinopel, der in den heiligen
Ramazan=Monat fiel, wurden, um den kühnsten An=
forderungen zu genügen, dann noch zu bestimmten

Stunden mitten in der Nacht Kanonenschüsse abge-
feuert.

Die Hunde! Von allen Unannehmlichkeiten und
Qualen der Straßen in Konstantinopel find mir diese
die widerwärtigsten gewesen. Ich habe von frühster
Kindheit an für unsere guten, treuen, muthigen Hunde
eine starke Zuneigung besessen, aber in Konstantinopel
bin ich an meiner Hundeliebhaberei irre geworden. Es
ist ein widerwärtig verkommenes Geschlecht! Die
scheußlichen Köter, die sich rudelweise in den Straßen
herumtreiben, temperamentlos und unsagbar faul, herrenlos
und ohne Ergebenheit an irgend eine bestimmte Person,
die in jedes Kellerfenster hineinschnüffeln und die Kehrichthaufen in dichten Schaaren umstehen und mit ihrer
Schnauze unter dem Schmutz das etwa noch Verzehrbare
herauswühlen, die von Ungeziefer wimmeln und sich
beständig jucken und schuppen, die uns den Weg versperren und nicht einmal den Wagen aus dem Wege
gehen, die überall herumliegen, auf dem Bürgersteig,
mitten in der Straße, mit Schwären bedeckt, mit räudigem
Fell, sehr oft verstümmelt, mit drei Beinen — denn
es ist ganz natürlich, daß sie beständig überfahren
werden — diese Hunde von Konstantinopel find ungefähr die ekelhaftesten Geschöpfe, die ich je gesehen habe.

Sie sind gewöhnlich mittelgroß, zottig behaart, mit halb-
langen Ohrgehängen und ziemlich spitzen Schnauzen; sie
sehen also etwa wie ganz verkümmerte Wolfshunde aus.
Die meisten haben eine schmutzig gelbbräunliche Färbung,
durch die sie sich von den Kehrichthaufen, die die bevorzugtesten zu ihren Ruheplätzen während des ganzen
Tages erkiesen, kaum unterscheiden. Den lieben langen
Tag liegen sie gewöhnlich irgendwo auf dem Pflaster
und schlafen. Auf einmal hört man dann ein furcht-
bares Gequietsche, dann ist so ein unglückliches Biest
überfahren oder getreten worden. Sie sind furchtbar
feige, und Fälle, wie ein neulich angeführter, daß ein
getretener Hund nach dem, der ihn verletzt hat, geschnappt
habe, gehören zu den Seltenheiten.

Alle jungen Thiere sind sonst, wenn nicht hübsch,
doch wenigstens possirlich und komisch; aber auch diese
versöhnenden Eigenschaften sind den Hunden von Konstantinopel versagt. Die ganz jungen Köter, die man
in den Ecken herumliegen sieht, sind gerade so scheußlich
wie die älteren, und sie haben in ihrer dummen Unbe-
holfenheit gar nichts Rührendes.

Die Hunde sind, wie man weiß, die nächtlichen
Straßenreiniger von Konstantinopel. Wenn am Abend
nach guter orientalischer Sitte die Küchenabfälle und

alle anderen Dinge, die im Hause nicht zu gebrauchen sind, auf die Straße geworfen und da zu Haufen zusammengekehrt werden, dann beginnt das Leben dieser elenden Kreaturen, dann sammeln sie sich um diese Haufen und suchen ihre Nahrung. Dabei kommt es natürlich zu Streitereien und Beißereien, und so hört man dann beständig in der Nacht ein fürchterliches Gebell.

Die Hunde haben, wie man in Konstantinopel behauptet, ihre besonderen Bezirke. Die einzelnen Brüderschaften kennen sich ganz genau, und wenn sich da ein hungriger Hund aus dem Nachbarbezirk einschleichen will, so wird er beinahe zerrissen. Es werden vollkommene Schlachten geliefert zwischen den Kötern der verschiedenen Bezirke. Eine solche Beißerei habe ich einmal mit angesehen. Es war ein Geheul, Gebelle, Gequietsche, das sich fürchterlich anhörte, und wohl dreißig bis vierzig Hunde zerfleischten sich mit unbeschreiblicher Wuth. Da trat irgend Jemand dazwischen, ich glaube, es war der Wächter, und schaffte mit einigen wohlgezielten Schlägen Ordnung, und all diese Kläffer liefen winselnd davon, in der nächsten Minute war Alles wieder ruhig. Mir wurde beim Anblick dieser borstigen, zottigen, gelben Ungeheuer ganz übel und weh; aber die Türken und auch die Europäer, die auf längere Zeit oder dauernd

ihren Wohnsitz in Konstantinopel nehmen, scheinen nicht
nur das Gefühl des Widerwillens, das jedem Fremden
aufsteigen muß, vollkommen überwunden zu haben, sie
empfinden für diese gräßlichen Thiere, weil sie eben
nützlich sind, sogar eine gewisse Zuneigung; man thut
ihnen nie etwas zu Leide und geht, wenn sie mit ihrer
ganzen Breite, oft in großen Haufen, quer über den
schon ohnehin genügend engen und beschwerlichen Weg
liegen, vorsichtig um sie herum.

VIII.

Auf der Brücke des Goldenen Horns.

Widersprüche. — Gutes und schlechtes Wetter. — Das Treiben
auf der Brücke. — Blick auf Stambul.

Es giebt kaum eine Stadt unserer bewohnten Erde,
über die die Urtheile so weit auseinander gingen, wie
über Konstantinopel. Für die Einen ist sie die schönste
aller Städte, die geradezu unwahrscheinlich herrliche Verwirklichung traumhafter Märchenwunder, für die Anderen
das schmutzigste, elendeste, widerwärtigste und verwinkeltste
Nest, das es giebt. Und das Seltsame ist, daß diese
beiden in schroffstem Widerspruche zueinander stehenden
Urtheile gleichermaßen berechtigt sind, daß sich diese anscheinend unversöhnlichen Gegensätze sogar vereinbaren
lassen. Es handelt sich eben nur darum, wie man
Konstantinopel sieht und von wo aus man es sieht.

Ich bilde mir nicht ein, einen sehr originellen Satz
auszusprechen, wenn ich sage, daß das Wetter bei jeder
Reise eine bedeutende Rolle spielt, und daß die Eindrücke,

die man von dem Neuen gewinnt, sehr wesentlich durch
das Wetter bestimmt werden. Aber nirgendwo ist mir
diese alltäglichste aller Fragen so entscheidend erschienen,
wie gerade hier. Ob bei trübem Licht vom bedeckten
Himmel der Regen fällt, oder funkelnder Sonnenschein
vom goldburchzitterten Azur strahlt — das bedeutet für
Konstantinopel nicht nur viel, es bedeutet Alles.

Ein Regentag in Konstantinopel ist schrecklich. Auf
dem wüsten Knüppeldamm, der sich mit klebrigem Koth
überzogen hat, rutscht man beständig aus. Die ganze
Misère starrt uns aus den grauen und häßlich bunten
Häusern, deren Façaden sich fast durchweg im Zustande
der grenzenlosen Verwahrlosung befinden, entgegen. Die
aufgeweichten und aufgewühlten Kehrichthaufen überziehen
den Boden mit einem wahren Teppich von Scheußlich-
keiten, auf dem sich die triefenden, widerwärtigen Köter
wälzen. Die krummen und engen Gassen vergegenwärtigen uns einen Zustand, der uns Culturmenschen
in eine völlig abgethane Vergangenheit zurückversetzt, in
eine Zeit, in der man von der Wichtigkeit der munici-
palen Maßnahmen noch keinen Begriff hatte, und in der
das Wort der öffentlichen Hygiene noch nicht gesprochen
war. Wir trauen unseren Ohren kaum, wenn wir von
unserm Begleiter hören, daß wir uns jetzt in der Haupt-

verkehrsader, in jener Straße befinden, die den stolzen
Namen „Grande rue de Pera" führt. Freilich sieht
man an einigen Stellen, daß ein schüchterner Versuch
gemacht wird, die Straße zu erweitern — und das
Unternehmen wird bei dem regen Unternehmungsgeist
der Türken vielleicht auch in einigen Jahrhunderten zu
gutem Ende geführt werden —; freilich sieht man hie
und da aus den verfallenen Jammerbauten einige vornehme und schöne Gebäude aufragen, deren sich keine
Großstadt zu schämen brauchte; freilich sieht man auch
Läden, deren Schaufenster erkennen lassen, daß die Besitzer den großen Magazinen der Regent Street, der
rue de la Paix und der Leipzigerstraße nacheifern
wollen. Aber neben diesen Markirungen des großstädtischen Glanzes findet man in dieser Grande rue
de Pera, die vom Galata-Thurm bis zur Höhe, wo
sich die Artilleriekaserne und die deutsche Botschaft befinden, hinaufklettert, den ganzen Schmuddelkram des
lässigen und trägen Ostens: Schutt- und Trümmerhaufen
und alte Baracken, die über Nacht einstürzen können.
Auf weite Strecken sind die Häuser so dicht aneinander
gerückt, daß sich da der Verkehr beständig staut. Nirgendwo ist auch nur der Versuch gemacht, durch äußern
Schmuck der Stirnseiten die Physiognomie der Straße

zu verschönen. Der einzige Architekt, der hier gewaltet hat, ist die dummste Zweckmäßigkeit. Wer an einem recht häßlichen Tage sich das absonderliche Vergnügen bereiten wollte, die Falkoniergasse, die Neumannsgasse, den Krögel, die Fischerstraße und ähnliche in unsere Zeit hineinragende anachronistische Ueberreste des verschwundenen Alt=Berlin — wer sich das Vergnügen machen wollte, diese schmutzigen, engen abscheulichen Gassen zu durchwaten, würde sich eine sehr gute Vorstellung von den Reizen der Grande rue de Pera, der Hauptstraße des europäischen Konstantinopel, machen können. Er müßte sich nur zu all den verstimmenden Häßlichkeiten der Umgebung noch viel schlechteres Pflaster und bräunliche Klumpen von lebenden Hunden hinzudenken.

Traurig und schwer liegt der graue Himmel über all diesem Wust und Matsch, und wenn das Auge sich widerwärtig abwendet von all dem Unrath, der den Boden bedeckt, von den Scherben und Fetzen, dem Kehricht und den Hunden, und der Blick sich hebt, so fällt er auf graue Wände, die abgeblättert sind, oder auf geschmacklose Buntheiten, die in der ungünstigen Beleuchtung noch schäbiger und noch verstimmender wirken; und da, wo der Blick weiterschweifen kann, verliert er sich in eine graue verschwommene Traurigkeit. Dann

bemächtigt sich wohl des Fremden eine tiefe Nieder=
geschlagenheit. Man wird ganz schwermüthig; und kehrt
man dann heim in das ungemüthliche Hotelzimmer,
dann beschleicht uns, auch wenn wir gar keine senti=
mentale Veranlagung haben, doch eine merkwürdige heim=
wehliche Stimmung, ein „thörichtes Sehnen“, wie es
Heine nennt, und mit ungewohnter Zärtlichkeit gedenken
wir des rothen Hauses mit dem viereckigen Thurm in
der Königstraße, des braven Forckenbeck und der sorgen=
den Hüter unserer Stadt.

Nun aber bricht die Sonne durch. Und nicht nur
in den Märchen besitzt dieses herrlichste Gestirn die Zauber=
kraft, die Unholde der Nacht zu vertreiben. Nun durch=
fluthet all diesen Jammer, all diesen Schmutz, all diese
Häßlichkeit das lieblichste goldige Licht, und Alles, was
uns verstimmt, angeekelt, abgestoßen hat, Alles ist wie
durch einen Zauberschlag verschwunden. Alles gleißt und
glänzt, selbst der Schmutz auf der Straße. Das Bunt=
farbige wird nun lachend und heiter, das Zerfallene,
Zerlumpte wirkt auf einmal malerisch interessant und
schön. Der Blick auf das unvergleichlich schöne Blau
des Himmels entschädigt uns reichlich für alles Ungemach,
das uns jetzt kindisch und kleinlich erscheint im Verhältniß
zu der unvergleichlichen Schönheit des Ganzen. Und

wenn wir von irgend einem Punkte aus einen freien
Ausblick gewinnen, so sehen wir vor uns das berückendste
Städtebild, das sich nur erträumen läßt: die Kuppeln
und Spitzen, die bunten Steinmassen, in großartigster
Wirkung aufgethürmt, funkelnd und blitzend auf dem tief-
blauen Hintergrunde.

Was schönes, was schlechtes Wetter ist, das weiß
man nur in Konstantinopel. So verzweifelnd trübe ist
nirgends das Grau der Wolken, nirgends so schmutzig
der Schmutz, und nirgends so naß der Regen. Aber
so goldig scheint auch nirgends die Sonne, und nirgends
ist der Himmel so blau. Hier ist in Wahrheit die Sonne
der Midas, der Alles in Gold verwandelt, was er berührt.

Aber noch wichtiger als das Wetter ist der Standpunkt, von dem aus man Konstantinopel betrachtet. Ist
man in der Stadt, so begreift man jede, auch die abfälligste
und unbarmherzigste Kritik; sieht man aber die Stadt
von außen, so begreift man eben so gut die Aeußerungen
der schrankenlosen Begeisterung und des vollen Entzückens.

Den besten Ueberblick über Konstantinopel, über
die wunderherrliche Stadt, wie sie sich eben darstellt,
wenn man nicht durch die schauderhaften Straßen zu
gehen braucht, gewährt die neue Brücke, die Hauptverkehrsader zwischen den beiden Stadttheilen, die man das

europäische Konstantinopel nennen dürfte: Galata und
Pera, einerseits, und dem alten türkischen Stambul auf
der andern Seite des Goldenen Horns — ein Punkt,
wie es seinesgleichen kaum noch einmal giebt.

Aus dem überlebendigen Treiben von Galata tritt
man auf die Brücke, auf die sich die Menschenströmungen
von Pera und Galata von der einen und von Stambul
von der andern Seite ergießen. Unserm europäischen
Auge fällt wiederum vor Allem zweierlei auf: die Bunt=
heit des Gemäldes und das bedächtige Tempo. Alle
Sendlinge des Morgenlandes, nicht des fernen Ostens
— ich erinnere mich kaum, Chinesen und Japaner ge=
sehen zu haben —, dagegen das ganze malerische Gesindel
des Mittelmeers, von Kleinasien, Afrika, vom Archipel,
Kaukasier und Perser, Tscherkessen, Armenier, Griechen
und alle Stämme der Balkanhalbinsel wogen hier be=
ständig in bedächtiger farbiger Fluthung auf und nieder.
Da sieht man zerlumpte Tagelöhner und hohe Würden=
träger, namentlich Geistliche, unter diesen die schwarzen
Armenier mit dem langwallenden Schleier, gewöhnlich
sehr schöne Köpfe mit langen Vollbärten und unge=
schorenem Haupthaar, das hinten am Nacken unter dem
schwarzen Talar verschwindet, den Kopf bedeckt mit dem
eigenthümlichen runden, hohen, steifen Barett ohne

Schirm, das dem Träger allerdings den Stempel des Würdevollen und Bedeutenden aufdrückt; daneben türkische Mullahs, fast ausschließlich schmächtige gebeugte Gestalten in äußerster Vernachlässigung der Kleidung; Derwische mit den hohen Filzmützen, in langem, faltenreichem Gewande, über das bisweilen noch ein bauschiger Mantel gelegt ist — unter diesen ganz junge Leute, die kaum den ersten Flaum an Lippen und Kinn zeigen —; Mönche in verwitterten Kutten und barmherzige Schwestern. Da sieht man alte jüdische Händler mit sorgenschwer gefurchtem Gesicht, den Kopf mit buntem Tuch umwunden, zerlumpt und zerfetzt; dazwischen schwarze Eunuchen in europäischer Tracht, die sich in diesem Gewühl von staubig abgetönter Buntheit schon durch die auffallende Sauberkeit ihrer schwarzen Kleidung, des bis oben zugeknöpften schwarzen Rocks, bemerkbar machen. Wer einen einzigen Eunuchen gesehen hat, erkennt dessen Leidensgenossen unter tausend Schwarzen wieder. Die vom Sultan angestellten, vermuthlich die schönsten, zeichnen sich alle durch ungewöhnliche Körpergröße aus. Das bartlose Gesicht ist fleischig, mit dicken wulstigen Lippen. Die Beine sind im Verhältniß zum Oberkörper ungewöhnlich lang und haben die sogenannte X-Form, die Hüften sind stark, die Haltung ist schlaff und häßlich,

der Rücken krumm. Sie schleifen die Füße beim Gehen
nach sich und haben einen wiegenden watschelnden Gang.
Der Kopf ist mit dem rothen Fez bedeckt. Sonst sind
sie, wie gesagt, ganz schwarz und mit auffallender Sauber=
keit gekleidet.

In dieses Gewimmel von seltsamen und auffallenden
Erscheinungen mischen sich nun die Orientalen und die
europäischen Ansiedler. Von der türkischen Tracht ist
in Stambul bei den Männern im Großen und Ganzen
nicht viel übrig geblieben. Freilich sieht man hie und
da noch den langen weiten Rock mit den kurzen weiten
Aermeln oder die Jacke mit Hängeärmeln, die bauschige
Hose, die an der Hüfte von einem Shawl gehalten wird
und den Turban; aber diese Erscheinungen gehören schon
zu den Seltenheiten. Die Meisten haben den schwarzen
Rock mit dicht aneinander stehenden Knöpfen und niedrigem
Stehkragen angelegt, und fast ausnahmslos tragen sie
das Fez. Wenn in dem bekannten Kostümwerk „Die
Trachten der Völker" von Albert Kretschmer und Rohr=
bach behauptet wird, daß außer dem Militär Niemand
die europäische Tracht angenommen habe, daß der Türke
nach wie vor den Turban trage, weite faltige Hosen,
rothe lederne Pantoffeln, Jacke oder kurzen Rock mit
unzähligen Knöpfen, um die Hüfte den breiten Shawl,

und als Uebergewand den Kaftan, daß also die euro=
päische Tracht noch keine Handbreit Boden gewonnen
habe, so ist das ein sehr starker Irrthum. Es heißt in
dem genannten Werke weiter: „Das Fez hat noch den
meisten Erfolg errungen, aber die Zahl der Turbane ist
doch bei weitem größer. Trachten lassen sich einmal
nicht commandiren." Soviel Wörter, soviel Ungenauig=
keiten. Die europäische Tracht hat die orientalische in
Konstantinopel nahezu vollständig verdrängt, und wenn
man einmal einem Turbanträger begegnet, so kann man
von Glück sagen. Die orientalischen Weibertrachten da=
gegen haben sich allerdings auch in Konstantinopel ziemlich
rein erhalten. Man bekommt von diesen auf der Straße
freilich nicht viel mehr zu sehen, als das mantelartige
Obergewand, das wie ein bauschiger Domino aussieht.
Es bedeckt den ganzen Kopf von den Augenbrauen an
mit einer Art Kapuze. Um die Hüfte ist es zusammen=
geschnürt, und es reicht bis zu den Knöcheln herab
Die Aermel sind weit. Mit diesen und dem Vorder=
theil dieses bauschigen Gewandes bedecken die Türkinnen
den unteren Theil des Gesichts, so daß nur die Augen
frei bleiben. Das Gewand ist gewöhnlich aus dünnem
Seidenstoff hergestellt und oft in sehr lebhaften Farben,
namentlich saffrangelb, hellblau, bordeauxroth und violet.

Der Wind setzt sich leicht in dieses flatternde weite
Gewand und giebt den Gestalten die sonderlichsten Con=
turen. Diese vermummten bunten Erscheinungen beleben
das schon so mannigfaltige Bild noch in ganz besonderer
Weise. Andere, namentlich die Hübscheren und Jüngeren,
ziehen nicht den seidenen Mantel über den Kopf, sondern
sie umhüllen Stirn und Haupthaar mit einem mehr oder
minder dichten Schleier, der wiederum nur den unteren
Theil der Stirn und die Augen frei läßt, Nase, Ohren,
Wangen, Lippen, Mund und Kinn aber bedeckt. Diese
sehr kleidsame Verschleierung hat bei einigen eigentlich
nur einen symbolischen Charakter. Es gehört in diesem
Falle kein besonders geübtes Auge dazu, um unter dem
durchsichtigen Gewebe die Lieblichkeit des Gesichts zu
erkennen, und es befinden sich unter den Türkinnen,
die ich gesehen habe, wirklich einige auffallende Schön=
heiten. Man hat mir allerdings gesagt, daß die türkischen
Frauen in der geschickten Verwerthung aller möglichen
kosmetischen Mittel hinter den gewiegtesten Pariserinnen
nicht zurückbleiben.

Diese bunten Menschenwellen wälzen sich vom
frühen Morgen bis zum Einbruch der Nacht über die
Brücke. Da liegen dann noch in größeren und mäßigeren
Abständen in schauerlichen Verstümmelungen und in einer

Verwahrlosung, von der man sich gar keine Vorstellung
macht, die Bettler und Krüppel an den Pfeilern und
halten ihre schaudererregenden Verunstaltungen den Vor=
übergehenden entgegen, mit jämmerlichem Winseln um
Almosen bettelnd. Dabei rasseln Wagen aller Art,
Miethskutschen, Equipagen und Lastfuhrwerk, über die
Brücke, Reiter zu Pferd und zu Esel kommen in lang=
samstem Trab an uns vorüber, und wenn uns das Glück
begünstigt, so sehen wir auch einmal ein echt türkisches
Gefährt, das in seiner Form mit dem ledernen Schirm=
dach eine gewisse Aehnlichkeit mit unserm Thorwagen
und Kremsern hat; nur ist es im Aufputz viel glänzender.
Die Seitenwände sind reich verziert, buntfarbig und ver=
goldet; es wird von zwei Ochsen gezogen, die oben am
Halse hohe gekrümmte Stäbe mit unzähligen rothen
Büscheln wie ein Glockenspiel tragen. Die Kutscher,
die mit der Eleganz des Wagens in ihrem Aeußern
oft gar nicht übereinstimmen, laufen neben den Ochsen
her. An den Süßen Wässern sieht man diese echt türkisch
nationalen Wagen ziemlich oft.

Zu diesem Gewimmel von absonderlichen Menschen=
kindern, von Thieren und Wagen kommen natürlich noch
die unvermeidlichen Verkäufer, die auch hier ihre Waare
feilhalten, die Schiffer, die dienstfertig ihre wundervollen

kleinen Kähne, die Kaiks, anbieten . . . man kann sich
kaum ein reizvolleres und eigenartigeres Bild mensch=
lichen Lebens und Treibens ausmalen. Dabei wimmelt
die Rhede von unzähligen Dampfern und Segelschiffen,
von Fischerböten und Kähnen. Zu unserer Linken haben
wir den Handelshafen des Goldenen Horns, zu unserer
Rechten den Bosporus, und drüben sehen wir die asia=
tische Küste mit dem schön wirkenden Skutari, über das
die schwarzen Cypressen sich neigen. Hinter uns liegt
Galata und Pera und vor uns das von hier aus un=
vergleichlich farbige und schöne Stambul. Immer wieder
treibt es uns auf diese Brücke, um uns an dem ent=
zückenden Panorama auf's Neue zu erfreuen.

Bei dem Versuche aber, diese mächtigen und tiefen
Eindrücke in Worten wiederzugeben, fühle ich die volle
Unzulänglichkeit meiner Kraft. Will ich die Empfin=
bungen, die ich empfangen habe, in Worte kleiden, so
bin ich wohl oder übel genöthigt, das zu wiederholen,
was ich schon gesagt habe, was Andere gewiß viel
besser und eindringlicher geschildert haben. Ich kann,
wenn ich mir vor meinen geistigen Augen vergegen=
wärtige, wie sich das alte Stambul aufbaut inmitten
seines imposanten steinernen Ringes, dieses bunte Häuser=
gehudel, in dem die Kirchhöfe mit den schwarzen Cypressen

wunderbare Ruhepunkte schaffen, — ich kann die ge=
bieterischen Moskeen mit ihren Kuppeln und schlanken spitzen
Thürmen, die leuchtend hellen Paläste am Goldenen Horn
und am Bosporus, nicht mit Stillschweigen übergehen,
und ich kann auch keine anderen als die schon tausend=
mal dafür angewandten Bezeichnungen finden. Ich ge=
denke unwillkürlich der gelangweilten Frau in dem
französischen Lustspiel, mit der der Leser in diesem
Augenblicke eine unerwünschte Aehnlichkeit haben mag, —
jener vornehmen Dame, die sich bitter darüber beschwert,
daß man ihr nun seit fünfzehn Jahren bei jedem Anlaß
die Liebe in ganz denselben Worten und Wendungen
und mit demselben Augenaufschlag erklärt habe. Aber
mich tröstet die Antwort des Mannes, der auf ihre
Beschwerde über diese abgedroschenen Redensarten schlag=
fertig entgegnet: „Soll ich Ihnen die Liebe vielleicht
auf hebräisch erklären? Natürlich sind die Worte und
Wendungen abgenutzt und verschlissen, aber das Gefühl
ist darum nicht weniger neu und jung.“

Der Eindruck, den der Fremde von Stambul
empfängt, wenn er zum ersten Mal von der Brücke
hinüberblickt, ist ein überwältigender, und Jedermann
glaubt, daß Niemand vor ihm diese Schönheiten so tief
empfunden haben könne. Will er aber seinen Gefühlen

Ausdruck geben, so verfällt er unrettbar in das, was
schon hundertmal gesagt worden ist.

Die Serajspitze und die vier großen Moskeen, die
mit erstaunlichem Feingefühl für künstlerische Wirkung
in richtigen Abständen und Abstufungen errichtet sind,
packen den Beschauer gleich im ersten Augenblick am
mächtigsten. Die schmale Zunge der Serajspitze liegt
in dichtem dunklem Grün vor uns. In der Tiefe am
Goldenen Horn ziehen sich weiß schimmernde Gebäude
entlang, und auf der Höhe steigt aus dem dunklen
Grün der mächtige Seraj Top Kapu auf. Daneben,
der Brücke zu, erhebt sich stolz und großartig der
Kuppelbau der Agha Sofia, um den vier kühne
Minarehs wie steinerne Schildwachen stehen. Gerade
der Brücke gegenüber, in der Tiefe, beherrscht die
Moskee der Sultanin Valide die unterwürfigen Bauten
ringsumher, und über ihr, auf der Höhe, thront die
mächtige Suleimanieh=Moskee, ein Riesenbau, der von
zwei höheren und zwei niedrigeren Minarehs flankirt
wird. Zwischen dieser und der Agha Sofia, etwa in
der Mitte, links von der Brücke, steht die in der
Wirkung gebieterischste und bedeutendste, die Moskee
Ahmedije, um die sechs Minarehs, die in der Form und
in den Verhältnissen wohl die schönsten aller Minarehs

sind, Wacht halten. Die schlanken Thürmchen, von denen vier je drei Galerien und die beiden anderen je zwei Galerien haben, verjüngen sich langsam zu lanzenartigen Spitzen.

Die Moskeen sind, wie man weiß, nicht blos Gotteshäuser, sie bilden vielmehr einen ganzen Complex von frommen Zwecken geweihten Gebäuden: zu dem eigentlichen Bethause gehören große Nebenanlagen mit Armenküchen, Hospitälern, Grabstätten für die Sultane u. s. w. Sie sind gewöhnlich von Bäumen und Gärten umgeben. Immer befinden sich außerhalb der Moskeen an den Säulengängen oder auch in besonderen An= bauten zahlreiche Brunnen mit fließendem Wasser. Denn man weiß, daß der Islam täglich eine bestimmte Anzahl von Waschungen vorschreibt, und daß namentlich kein Gläubiger das Bethaus betreten darf, ohne sich zuvor gründlich Hände, Füße und Gesicht gereinigt zu haben. Diese sehr zweckmäßige und wohlthätige religiöse Vorschrift hat zur Folge, daß die Türken, obgleich ihre Kleidung oft von Schmutz starrt, doch an ihrem Körper sehr reinlich sind, vielleicht das reinlichste Volk der Welt. Die scherzhafte Beschönigung, die unsere Schmierfinken für ihre Unsauberkeit abzugeben pflegen: es ist nur äußerlich, trifft für die Türken thatsächlich zu.

IX.

Selamlik.

Die Paläste Tschiraghan, Dolma Baghtsche und Beyler Bey. —
Jildis Kiosk. — „Ich möchte doch nicht Sultan sein!" —
Selamlik. — Absperrung. — Aufmarsch der Truppen. — Die
schwarze Garde. — Kirchgang des Sultans. — Die Frauen. —
Parade.

Die Großartigkeit des Städtebildes, dessen Eigenartigkeit eben in dem amphitheatralischen Aufbau zu
beiden Seiten des Wassers, mit der wunderbaren Profilirung durch die Kuppeln und Spitzen, und in der
einzigen Harmonie der Farben beruht, sowie in der
unvergleichlichen Abtönung des Bunten mit dem da-
zwischengesprenkelten Tiefgrün der Cypressen und dem
blendenden Weiß der Marmorbauten aus neuerer Zeit,
wird noch verstärkt durch die zum Theil sehr imposanten
öffentlichen Gebäude und durch die zauberhaften Marmorpaläste, die in der Tiefe an den Wassern des Goldenen
Horns und des Bosporus liegen.

Von jedem dieser so schön und märchenhaft wirkenden

Prachtbauten weiß die Geschichte oder die Sage schaurig geheimnißvolle Geschichten zu erzählen. In einem dieser mit reichstem Schmuck gezierten Prachtgebäude, das so herrlich aus dem grünenden Park hervortritt und sich im blauen Bosporus spiegelt, wird der des Thrones entsetzte Bruder des jetzigen Sultans, der an Säufer= wahnsinn leiden soll, gefangen gehalten. Die Absper= rung wird mit orientalischer Gründlichkeit durchgeführt. Der unglückliche Insasse hat für die Welt aufgehört zu sein. Ein starkes militärisches Detachement, das da als Wache dient, vereitelt jede Möglichkeit einer Communi= cation mit dem entthronten Herrscher; nach der Seite des Wassers zu sind überdies noch Kanonen aufgepflanzt, die jeden Annäherungsversuch vom Bosporus her mit Erz und Feuer bewillkommnen würden.

Dieser Marmorpalast, Tschiraghan, ist im Stile der sogenannten neutürkischen Renaissance erbaut, mit überladener Ornamentik, überreich an lustigem und er= freulichem Schnörkelwerk, in seinen Verhältnissen und in seiner wunderbaren Lage von geradezu bezaubernder Wirkung. Von der sinnverwirrenden Pracht der inneren Räume erzählt man Wunderdinge.

Dem Tschiraghan=Palast kommt an malerischer Wirkung nur einer gleich: der Palast Dolma Baghtsche,

der durch ein herrliches Gitterwerk vom Bosporus ab=
geschlossen ist. Auch hier sind die Façaden mit steinernem
krausem Schnörkelwerk ganz überladen, und ein strenger
Kunstrichter wird gewiß sehr berechtigte Einwendungen
erheben dürfen. Aber diese marmornen Capricen, in
denen sich die Stile aller Zeiten und aller Länder
neckisch und kosend umschließen, diese Säulenbauten mit
ihren reizenden Nischen, mit ihren fein durchbrochenen
Galerien, in denen willkürlich Motive des maurischen Stils
mit dem hellenischen und der italienischen Renaissance
sorglos zusammengewürfelt sind, machen doch einen ganz
herrlichen Eindruck. Es sind wahre Märchenschlösser,
zu deren Füßen die blauen Wasser rauschen, und die
im Sonnenschein blendend weiß von dem blauen Himmel
sich loslösen.

Auf der asiatischen Seite wetteifert noch der Palast
von Beyler Bey in der Schönheit seiner Wirkung mit
den eben genannten beiden Palästen. Der Beyler Bey
Palast, der unserm unglücklichen Kaiser Friedrich zur
Zeit, da er als Kronprinz der Gast des Sultans war, zur
Residenz überwiesen war, ebenfalls ein weißer Marmor=
bau in orientalischem Renaissancestil, übertrifft die beiden
vorher genannten vielleicht noch durch die vornehme
Ruhe und den Geschmack der Stirnseiten. Ob dieser

unvergleichlich schön gelegene Prachtbau jetzt benutzt
wird, habe ich nicht erfahren können.

Immer wieder wird der Fremde dadurch überrascht,
wie selten ihm in Konstantinopel genügende Auskunft
auf die nächstliegenden Fragen gegeben werden kann.
Man nimmt an, daß in diesem oder jenem der Bosporus-
Paläste Frauen des Sultans in ihrer seltsamen Abge-
schlossenheit ihr Dasein verbringen, aber man weiß es
nicht genau. Alles, was die Person des Sultans be-
trifft, Alles, was seinen Hausstand angeht, ist mehr oder
minder geheimnißvoll. Die Wenigen, die vielleicht darum
wissen können, werden verlegen und scheu, wenn das
Gespräch zufällig diese Fragen streift. Es erscheint
unter diesen Verhältnissen beinahe verwunderlich, daß
man überhaupt weiß, wo der Sultan residirt.

Das kaiserliche Palais, der Jldis-Kiosk, liegt am
östlichsten Ende von Konstantinopel, oberhalb des
Tschiraghan-Palastes, von dem es durch einen dichten,
schattigen Park getrennt ist. In diesem Parke liegen
auch verschiedene Harems, in denen die dem gegenwärtigen
Herrscher nächststehenden Frauen, also seine Mutter und
das bevorzugteste seiner Weiber, ihr fürstlich eingerichtetes
Hauswesen haben. Selbstverständlich wird der Park
von Jldis mit seinen Geheimnissen den Blicken der

Profanen entzogen. Auch die hohen Staatswürdenträger,
die Botschafter u. s. w., die vom Sultan im Kiosk
empfangen werden, bekommen davon nicht mehr als
gerade nöthig zu sehen, also wohl nur die Wege, die
zum Kiosk führen, und die Empfangsräume. Hier ver-
bringt der Großherr seine wenig beneidenswerthen Tage,
ein in Herrlichkeiten lebendig Begrabener, ein Gefangener
in goldfunkelndem Käfig. Die fröhliche Auffassung des
Studentenliedes:

> „Der Sultan lebt in Saus und Braus,
> Er wohnt in einem großen Haus
> Voll wunderschöner Mägdelein.
> Ich möchte doch auch Sultan sein. . . . .“

mit der lustigen Gegenstrophe:

> „Doch nein, er ist ein armer Mann,
> Er lebt nach seinem Alkoran,
> Er trinkt nie einen Tropfen Wein.
> Ich möchte doch nicht Sultan sein!“

erweist sich als recht wenig zutreffend. Ach, wenn es sich
nur um das Verbot des Weines handelte! Aber der unglückliche Mann hat wahrhafte Höllenqualen zu erdulden.
Von der beständigen Todesfurcht gefoltert, Allen miß-
trauend, ohne eine einzige heitere Stunde, in seinem
eigenen Palaste zitternd, und bangend, wenn er genöthigt
ist, mit der Außenwelt in Berührung zu treten, zu jeder
Stunde des Tages und der Nacht ängstlich bewacht und

doch nicht geschützt — so lebt der gefürstete Jammer=
mann inmitten des berauschenden Luxus unter dem
herrlichsten Himmel, in den kostbarsten Gemächern, von
aller Pracht und Herrlichkeit der Welt umgeben, als der
Elendeste aller Sterblichen. Widerwillig wird er all=
wöchentlich regelmäßig einmal, und außerdem noch einige=
mal im Jahre bei besonders hohen Festtagen, aus seinem
Versteck aufgescheucht. An jedem Freitag ist das sogenannte
Selamlik, der Kirchgang, der Tag, an dem der Sultan
die Moskeen besucht. Es versteht sich, daß er es nicht
gewagt hat, eine der schon vorhandenen Moskeen zu be=
nutzen; er hat sich vielmehr eine besondere Moskee in Jildis
bauen lassen, in unmittelbarer Nähe seines Wohnsitzes.

Die Absperrungsmaßregeln, die an diesem Tage
getroffen werden, haben zugleich etwas Tieftrauriges und
Lächerliches. Um ihn, den einen Mann, die paar
Schritt von seiner Wohnung bis zur Moskee gefahrlos
machen zu lassen — natürlich im Wagen, der gewöhnlich
sogar geschlossen ist, und um den so und soviele Reisige
zu Roß mit blitzendem Schwert umherschwirren —,
werden ein paar Regimenter auf die Beine gebracht!
Das ganze Stadtviertel wird abgeschnitten. Da dies
die einzige Möglichkeit ist, den Sultan zu sehen, so ver=
säumt kein Fremder die Gelegenheit, sich den Zutritt zu

dem am Eingange des Jildis-Parkes, der Moskee gegenüber, liegenden Häuschen zu verschaffen. Große Schwierigkeiten macht das nicht. Die Vertreter der fremden
Mächte geben ihren Staatsangehörigen mit großer Bereitwilligkeit Empfehlungen, und diese werden von den
in der Form so verbindlichen und zuvorkommenden
türkischen Behörden in artigster Weise berücksichtigt.

Schon zu früher Stunde entwickelt sich an jedem
Freitag um das Stadtviertel von Jildis herum ein
reges militairisches Leben. Bis zum letzten Augenblicke
wird es geheim gehalten, ob der Sultan in die kleine
von ihm selbst erbaute Moskee fährt oder in der tiefer
gelegenen Beschiktasch-Moskee seine Andacht verrichten
wird — Alles aus Furcht vor Attentaten. Alle Wege
und Stege, die zu den beiden Moskeen führen, wimmeln
von Polizisten und Truppen. In den Vormittagsstunden
werden alle Straßen dieses östlichen Theils von Konstantinopel wie ein bedenklicher Weg in Feindesland
vollkommen militairisch besetzt. Damit diese Leibwache
in großartigstem Stile und von unerhörtem Umfange
ihre wahre Bestimmung nicht allzu aufdringlich erkennen
lasse, ist mit dem Kirchgang eine regelmäßige Truppen-
besichtigung verbunden. Das militairische Aufgebot wird
also unter dem Vorwande einer Wochenparade gestellt.

Wir durchfahren die engen Straßen, auf deren
beiden Seiten Soldaten aller Waffengattungen ein
dichtes Spalier bilden. Unser Wagen wird einigemal
angehalten, aber wir gelangen doch ohne ernsthafte Be=
helligung schließlich an unser Ziel. Wir treten in den
vergitterten, geheimnißvollen Jildis=Park ein. Zu unserer
Rechten sehen wir die hübsche, saubere kleine Moskee,
die der gegenwärtige Sultan Abdul Hamid zu seinem
Privatgebrauche errichtet hat — einen geschmackvollen
Kuppelbau mit nur einem Minareh. Zur Linken be=
findet sich das kleine Dienstgebäude, dessen im ersten
Stockwerk gelegene Räume den von ihren Vertretern
empfohlenen Fremden zur Besichtigung des Schauspiels
vom Sultan zur Verfügung gestellt werden. Wir sind
die Gäste des Monarchen; man bietet uns Erfrischungen
und Cigaretten an. Die Fenster stehen ganz offen, und
wir haben von da einen sehr guten Ueberblick über den
gesammten Schauplatz.

Der Platz vor dem Gitter zum Parke, über den
wir eben gekommen sind, ist von türkischen Reitern ab=
gesperrt. Da halten nur die Wagen, die die Fremden
hierhergeführt haben. Hinter den Reitern wogen die
dichten Haufen der Bevölkerung, die allerdings von dem

späteren Aufmarsch der Truppen genug sehen werden,
aber vom Zuge des Sultans so gut wie nichts. Auf
dem Platze vor unserm Hause stehen nur wenige
Soldaten. Gerade vor uns ist das Gitter, das den
Vorplatz zur Moskee absperrt. Hier plaudern jetzt noch
die höheren Offiziere, die Paschas und hohen Würden=
träger, während sich um die Moskee selbst herum einige
der unteren Hofbeamten und Diener mit den Vor=
bereitungen zu schaffen machen.

Wir sehen, wie über die weiße Marmortreppe, die
zu einer kleinen Thür hinaufführt — das ist der Ein=
gang, den der Sultan benutzt —, ein prachtvoller Teppich
gebreitet wird. Nachdem der Raum vor der Moskee
auf das Allergründlichste und Sorgfältigste gereinigt
worden, so daß keine Unebenheit, kein Steinchen, kein
abgefallenes Blatt zu sehen ist, wird der Teppich
mit unglaublicher Sorgfalt gereinigt und gebürstet. Der
Islam schreibt diese bis in's Kindische getriebene
Säuberung vor. Wenn wir uns den heillosen Zustand
der Straßen von Konstantinopel in diesem Augenblick
vergegenwärtigen, an diese Schmutz= und Kehrichthaufen
denken, die uns überall den Weg versperren, und sehen,
wie hier der Platz unter freiem Himmel und der Teppich
mit einer Aufmerksamkeit und Genauigkeit gereinigt

werden, die eine holländische Putzstube beschämen könnte,
dann wird es uns schwer, ein Lächeln über diese tollen
Widersprüche zu unterdrücken.

In der Mittagsstunde beginnt nun der Aufmarsch der
Truppen. In ihrem Paradeanzuge, der zu dem gewöhn=
lichen schmutzigen und zerlumpten Dienstanzuge wieder den
ergötzlichsten Gegensatz bildet, sind die Soldaten kaum
wiederzuerkennen. Einer der bekanntesten deutschen
Paschas, dem gegenüber ich meine Verwunderung darüber
aussprach, wie man dieselben Soldaten, die doch, nach
der Parade zu schließen, wissen müßten, was Sauberkeit im
Dienste heißt, in ihren bestaubten, fleckigen, schlecht oder
gar nicht geflickten Uniformen, wie ich sie in der Provinz
gesehen, herumlaufen lassen könne, sagte mir: „Die
zerlumpten und im Aeußern so vernachlässigten Truppen
sind mir lieber als diese Paradesoldaten." Uebrigens
ist die Garnison von Konstantinopel für die Parade
vortrefflich eingedrillt. Die Leute marschiren im Allge=
meinen stramm und gut. Man darf natürlich nicht an
einen preußischen Parademarsch denken, aber sie halten
sich doch gut, gehen leicht und sicher und machen einen
bessern Eindruck, als z. B. die französischen Soldaten
bei der Revue. Am günstigsten wirken die Marine=
infanteristen, die sich auch im letzten Feldzuge besonders

ausgezeichnet hatten, und deren Fahne vom Sultan mit
dem Großkreuze seines Ordens decorirt worden ist.
Es sind schöne kräftige Männer. Die Uniformen der
Marine haben unter allen Völkern eine große Aehnlich=
keit mit einander, und auch die der türkischen Marine=
infanteristen erinnert an die vorbildlich gewordene eng=
lische Marineuniform. Das Fez, das alle türkischen
Soldaten gleichmäßig tragen, also auch die Marine=
soldaten, wirkt hier besonders eigenthümlich.

Die schwarze Garde der Zuaven hat um das Fez
einen dunkelgrünen Turban geschlungen. Mit ihren
kurzen rothen Jacken, den weiten bauschigen Kniehosen
und den Gamaschen haben diese Zuaven, die zum größten
Theil aus Schwarzen bestehen — die Offiziere sind,
wenn mich meine Erinnerung nicht täuscht, ohne Aus=
nahme Neger —, die kleidsame orientalische Tracht am
reinsten bewahrt. Vier hochgeschossene schwarze Sappeurs,
die anstatt des Säbels das Beil tragen, schreiten der
Truppenabtheilung voran. Die Garde zeichnet sich
durch besondere Straffheit im Parademarsch aus. Die
Leute marschiren tadellos. Aber sie sind vor Allem
Schautruppen; die viel unansehnlicheren Truppen der
Linie werden von Kennern in Bezug auf ihre Feld=
tüchtigkeit viel höher gestellt.

Von allen Waffengattungen, also Infanterie, Artillerie zu Fuß, Marine und Cavallerie, ziehen starke Abtheilungen auf. Die Musik sondert sich von den einzelnen Abtheilungen ab und nimmt ihre Aufstellung auf einem Hügel, gegenüber der sehr malerisch gelegenen Moskee von Jildiz.

Man hat dieser Moskee eine eigens für das militairische Schauspiel bestimmte Umgebung geschaffen. Der Boden baut sich terrassenartig in verschiedenen Abstufungen der Moskee gegenüber oberhalb des für die Musik bestimmten Hügels auf. Auf diesen verschiedenen Terrassenabsätzen gruppiren sich nun wie in einem Opernaufzuge die zur Parade befohlenen Truppen.

Kurze Zeit nachdem diese malerische Aufstellung vollendet ist, entsteht eine gewisse Bewegung. Nun ist das ganze Terrain von Truppen abgesperrt. Auf dem Vorhofe zur Moskee, rechts am Eingange des Gitters, haben die Würdenträger, die Minister und Paschas in ihren goldüberladenen reichen Uniformen Aufstellung genommen. Plötzlich schmettert die Musik los, und man vernimmt aus der Ferne, immer näher und näher kommend, scharf rhythmisch eingeübte Hochrufe auf den Padischah.

Gleichzeitig wird oben auf der Galerie des Minarehs

der Muezzin, der Aufrufer zum Gebet, sichtbar, und
wir hören nun seine eigenthümliche, ein wenig meckernde,
aber wohllautende Stimme, die sehr stark anklingt und
in den sonderbaren Rhythmen des Orients mit reich=
lichen Triolen die Gläubigen zum Gebete lockt. Sein
heller starker Ruf wird bisweilen gedeckt von dem musi=
kalischen Jubel da unten und von dem brausenden
Hoch, das sich von weit her mit dem Wagen des
Sultans nähert. Aber in den kurzen Pausen, die ent=
stehen, vernimmt man immer wieder und wieder des
Muezzin hohe, starke, meckernde Stimme und den eigen=
thümlichen Gesang. Dieser Ruf zum Gebet, der bald
von dem martialischen Lärm übertönt wird, bald wieder
deutlich vernehmbar klingt, macht einen ganz wunder=
samen und starken Eindruck. Ich wundere mich, daß
diese außerordentliche musikalische Wirkung noch nicht
künstlerisch nachgebildet worden ist. Diese eine Tenor=
stimme von der Höhe des Minarehs herab, in voll=
ständiger Selbstständigkeit des Gesanges, in einer andern
Tonart als die rauschende Instrumentalmusik in der
Tiefe — es hat etwas merkwürdig Feierliches und Er=
greifendes.

Schmetternde Trompetensignale verkünden den
nahenden Zug des Sultans. In mäßigem Tempo, in

halb offenem Wagen, von schönen feurigen Rossen ge=
zogen, fährt der Sultan vor. Um den Wagen tummeln
sich die Beamten des Hofstaats in überreichen, pracht=
vollen, goldüberladenen Uniformen und Livreen: die
Kutscher mit den rothen Sammetjacken, von Gold
starrend, daneben die Stallknechte in blauer Sammet=
jacke mit zahllosen goldenen Knöpfen und reichsten Gold=
stickereien, die auch an den blauen bauschigen Hosen
und den Gamaschen in Ueberfülle wiederkehren. Der
Sultan in einfachem schwarzem, bis oben zugeknöpftem
Rock ohne alle Stickerei, das Haupt mit dem Fez bedeckt,
wirkt in all dieser Pracht, in diesem Schimmer der
prächtigsten Farben, in diesem Gefunkel von Gold und
Silber merkwürdig anspruchslos. Immer wiederholt
sich der scharf cadencirte Ruf: „Es lebe der Padischah!"
Alle Häupter neigen sich tief, während er vorüberfährt.
Die hohen Staatsbeamten, Minister und Paschas, die
ihn am Gitterthor zum Vorhof der Moskee erwarten,
stoßen denselben Ruf aus und grüßen in der uns so
seltsam berührenden orientalischen Art: mit tiefster
Neigung des Kopfes, während sie mit der rechten Hand
fast den Erdboden berühren, sie dann an die Stirn
führen und endlich langsam herabgleiten lassen. Man
weiß, daß dieser Gruß symbolisch heißen soll: „Ich

11*

nehme den Staub von Deinen Füßen, führe ihn an Stirn, Mund und Herz."

In wenigen Secunden ist der Weg über den kleinen Vorhof zurückgelegt, der Wagen hält, der Sultan steigt aus und schreitet über die mit Teppichen belegte Treppe zur Moskee hinauf. Alles in Allem haben wir etwa fünfundzwanzig bis dreißig Secunden das Vergnügen gehabt, den Sultan von Angesicht zu Angesicht zu sehen.

Nachdem der Sultan durch die enge Pforte in die Moskee eingetreten ist, merken wir, daß noch zwei andere Wagen ihm gefolgt sind. Von diesen werden jetzt die Pferde ausgespannt, und neben den Thüren der Wagen stellen sich Eunuchen auf. Wir erfahren, daß sich in diesem Wagen die Damen des Sultans befinden, seine Mutter, seine Frau oder Frauen, seine Töchter — wenn er Töchter hat, wir wissen es nicht —, die den Großherrn zur Moskee begleiten, aber nicht eintreten dürfen, und deren Tugend wie zu jeder Stunde, so auch jetzt von den Eunuchen gehütet wird. Zur größeren Sicherheit läßt man auch die Pferde aus= spannen, damit die Damen nicht etwa einen Fluchtversuch unternehmen.

Der Rufer zum Gebet, der zunächst nach Mekka hin und dann nach den anderen Himmelsgegenden seine

Aufforderung hat erklingen lassen, ist von der Galerie verschwunden. Der Gottesdienst währt nicht lange, etwa zwanzig Minuten. Nun öffnet sich ein Fenster der Moskee, das dem kleinen Hügel und den Terrassen gerade gegenüber liegt; das ist das Zeichen, daß jetzt der Sultan am Fenster Platz genommen hat, und der Vorübermarsch der Truppen beginnt. In derselben Ordnung, wie sie vorher ihre Aufstellung genommen haben, ziehen sie jetzt vor dem Padischah vorüber und salutiren, sobald sie in die Nähe des Fensters kommen. Die Musik spielt während der ganzen Zeit denselben Marsch. Es ist ein hübsches militärisches Schauspiel, aber doch nichts Außergewöhnliches.

Nachdem es beendet ist, verläßt der Sultan die Moskee, besteigt einen andern Wagen, eine leichte Kalesche, und ergreift selbst die Zügel der Pferde. Wieder umgiebt ihn die goldstrahlende Escorte, und nun geht es in ziemlich scharfem Trabe nach dem Kiosk zurück. Inzwischen sind die Pferde an den beiden Wagen, in denen die Damen sitzen, wieder angeschirrt und diese folgen dem Sultan. Jetzt durchbricht eine wilde Schaar von Bettlern und Krüppeln den mili= tairischen Cordon, und Alles stürzt den Wagen der Damen nach. Diese, natürlich in dichtester Verhüllung,

werfen aus den offenen Wagenfenstern kleine Kupfer=
und Silbermünzen, und ein allgemeines Gebalge be=
zeichnet den Weg, den die anmuthigen Wohlthäterinnen
genommen haben.

Das ist das Selamlik, das ist die einzige Stunde
der Woche, in der der Sultan aus der geheimnißvollen
Weltabgeschiedenheit des Jildis = Palastes heraustritt,
um sich den Priestern seines Glaubens, seinen Soldaten
und in angemessener Entfernung den Fremden und
einigen wenigen begünstigten seiner Unterthanen zu
zeigen.

X.
Heilige und profane Stätten.

Nächtlicher Gottesdienst in der Agha Sofia. — Das Innere. —
Die Veränderungen. — Der große Bazar. — Ein Geschäft mit
Isaak.

Die Geheimthuerei war in früheren Zeiten noch
viel stärker. Namentlich war es ehedem für Anders=
gläubige eine Unmöglichkeit, die dem Dienste des Islam
geweihten Stätten zu betreten. In dieser Beziehung ist
man jetzt viel buldsamer geworden. Da ich während
des Ramazan in Konstantinopel war und in diesem
heiligen Monat in allen Moskeen, deren Galerien am
Abend mit einem leuchtenden Kranze von Lämpchen ge=
schmückt werden und auf deren Höhen oft ebenfalls in
Lampions heilige Schriftzeichen in die Nacht strahlen,
allnächtlich Gebete zu Allah und dem Propheten gesandt
werden, so war es für mich von großem Interesse, die
schönste aller Moskeen, die Agha Sofia, während eines
solchen nächtlichen Gottesdienstes zu besuchen. Die Sache
machte sich ohne alle Schwierigkeit, es war eine einfache

Frage des Trinkgelds. Der Dragoman ließ unsern
Wagen an einer kleinen Seitenthür vorfahren. Der
verständnißvolle Wächter, dem die seinen Erwartungen
entsprechende Summe in die Hand gedrückt wurde, ließ
uns ohne Weiteres ein und geleitete uns auf einer
spärlich beleuchteten breiten Treppe zu der sehr hoch
gelegenen obersten Galerie hinauf, die jetzt keinem andern
Zweck zu dienen schien, als den Fremden die Besichtigung
der Sofia bei Beleuchtung und der Gläubigen in ihren
andächtigen Uebungen zu gewähren.

Man hatte mir gesagt, daß die Moslem die Fremden
in ihren Moskeen sehr ungern sehen, und daß sich diese
vor einer jeden Störung sorglich zu hüten hätten. Es
hätte dieser Mahnung gar nicht bedurft, um meinen
Begleiter und mich zur äußersten Vorsicht und Discretion
zu bestimmen. Aber thatsächlich erwiesen sich diese wohl=
gemeinten Verhaltungsmaßregeln als recht überflüssig.
Es ging da oben auf der Galerie während des Gottes=
dienstes gerade so gemüthlich und zwanglos zu, wie in
den italienischen Kirchen. Man verlangte von uns nicht
einmal die gebotene Fußreinigung. Während wir uns
mit äußerster Vorsicht auf den Fußspitzen in dem heiligen
Raum bewegten, traten unser rechtgläubiger Dragoman
und der Tempeldiener so fest auf und mäßigten ihre

Stimme so wenig, daß wir dadurch in Verlegenheit ge-
riethen und unsern Dragoman bitten mußten, sich etwas
ruhiger zu verhalten.

Der gewaltige und imposante Raum machte in der
wundervollen golbigen Beleuchtung von tausenden von
Lampen einen ganz herrlichen, ergreifenden, weihevollen
Eindruck. Einen tieferen habe ich von keinem Gottes-
hause empfangen. Von der Galerie fällt unser Blick
zunächst auf das mächtige Schiff, über dessen Mitte sich
die großartige Kuppel wölbt, deren unterer Kranz von
einer großen Anzahl, ich glaube vierzig oder fünfzig,
gewölbten Fenstern gebildet wird. Die halbkreisförmige
Apsis, die zwischen zwei großen Nischen nach dem Osten
zu den Bau abschließt, ist, wie alle Theile dieses unvergleichlichen Bauwerks, gewölbt. Die Seitenschiffe, die
sich rechts und links an das Hauptschiff anschmiegen,
sind von diesem durch mächtige Säulen aus edelstem
Marmor geschieden. Die Kapitäle dieser Säulen sind
in reichster byzantinischer Ornamentik, ebenso wie die
Bogen, die sie tragen. Die acht Hauptsäulen, je vier
zur Rechten und zur Linken des Hauptschiffes, sind aus
dunkelgrünem Marmor gefertigt, und aus demselben
Material auch die zwölf kleineren Säulen des oberen
Geschosses, je sechs auf jeder Seite. In dem ganzen

Raum befinden sich über hundert Säulen aus Marmor oder Porphyr. Die kleineren, welche am Rande der oberen Galerie zwischen den mächtigen Pfeilern aufge= stellt sind, hat man zu Kandelabern verwerthet.

Aber nicht das Einzelne, das den Fachmann be= geistern mag, das Ganze ist es, das die Sinne des Laien mit Macht gefangen nimmt und überwältigt: diese Vereinigung von riesigen Wölbungen in wunderbarster Gliederung, diese Schönheit und Großheit in den Ver= hältnissen! Man fühlt sich von dieser Majestät zunächst wie erdrückt, bald aber von der vornehmen Ehrwürdigkeit wieder aufgerichtet und erhoben. Wenn diese Kirche, das edelste und stolzeste Denkmal der byzantinischen Kunst, der, wie Salzenberg sagt, an Kühnheit der Wölbungen, an Wirkung, an Pracht des Innern kein Bauwerk ähnlicher Art vor und nach ihm gleicht, am Tage beim Spiel der Lichter, die durch die zahllosen Fenster in unbeschreiblichem Reize in das Innere hinein= fluthen, den Beschauer magisch berückt, so wirkt sie bei der sanften, milden einheitlichen künstlichen Beleuchtung in der Nacht vielleicht noch feierlicher.

Die herrlichen Mosaiken, mit denen die Kuppel ausgelegt ist, figürliche Darstellungen auf Goldgrund, sind, da der Islam die Abbildung alles Figürlichen in

den Moskeen verbietet, übertüncht. Hie und da hat sich
die Kalkschicht gelockert, und man erkennt noch einige
Figuren, so die Flügel der Engel in den Zwickeln der
Hauptkuppel. Die Figuren selbst sind mit einer rohen
Ornamentik überstrichen. Der Hauptschmuck des Innern
ist auf diese Weise zerstört worden. Ich gab natürlich
gelegentlich, wie jeder Fremde, meiner Entrüstung über
diese vandalische Verunstaltung einen sehr energischen
Ausdruck. Ein gebildeter Archäologe wiedersprach mir
indessen. Er erinnerte mich daran, daß gerade die
christlichen Kreuzfahrer mit den schönen Denkmälern des
heidnischen Alterthums in ihrem Glaubensfanatismus
ganz anders umgesprungen, und daß die von diesen an=
gerichteten Schäden für die Welt unersetzliche Verluste
geworden wären. Die Türken seien im Gegentheil im
Allgemeinen sehr schonend mit den ihrem Glauben ent=
gegenstehenden Kunstwerken verfahren; sie hätten die
Mosaiken nicht zerstört, sondern nur übertüncht. Unter
der Kalkschicht, die sie jetzt bedecke, seien viele sicherlich
noch bis zur Stunde in vortrefflichem Zustande, und
sie würden dereinst, wenn sie von dieser häßlichen Um=
hüllung befreit sein würden, zu neuer ungeahnter Herr=
lichkeit erstehen.

Ich hütete mich natürlich, dieser Autorität zu wider=

sprechen, obwohl meine bescheidenen Erfahrungen nicht in völligem Einklange mit dem Ausspruche des gelehrten Archäologen standen. Als ich nämlich oben auf der Galerie der Sofia war, trat einer der Moskeendiener an mich heran und reichte mir eine ganze Hand voll Mosaikstückchen in allen Farben, goldene und bunte. Ich wußte gar nicht, was der Mann damit wollte. Da erklärte mir denn der Dragoman, daß mir diese kleinen Würfel zur Erinnerung an meinen Besuch der Sofia angeboten würden, und daß der Mann ein Trink= geld erwarte. Ich nahm die Stückchen, die ich jetzt noch besitze, kleine viereckige, durchsichtige Mosaikbrocken, und da er mit dem Trinkgeld, das ich ihm gab, sehr zufrieden zu sein schien, kam er nach einigen Minuten wieder, hatte wieder die Hand voll und bot auch einem Andern dasselbe sinnige Erinnerungszeichen an. Das Geschäft ging gut, Jedermann nahm von diesen Mosaik= würfelchen. Und es reizte nun meine Neugier, zu sehen, wie sich der Mann diese kleinen Dinger verschaffte. Ich ging ihm nach. Die Sache war sehr einfach: er trat an eine der Wölbungen heran und polkte die Würfelchen los. Er hatte auf diese Weise in gewinnsüchtiger Zerstörung schon eine sehr große Fläche des Mosaikschmuckes völlig entkleidet. Wenn dieser biedere Hüter des Tempels seines Amtes noch lange waltet, so wird bald ein ganzes Gewölbe der oberen Galerie seines ehrwürdigen Schmuckes beraubt sein.

Die für den muhamedanischen Gottesdienst im Innern der Agha Sofia vorgenommenen Einrichtungen nehmen sich in der gewaltigen Größe des Baues ganz erbärmlich klein und kümmerlich aus. Der einzige „Schmuck", den die Moslem in der Sofia angebracht haben, ist von äußerster Häßlichkeit und Geschmacklosigkeit: im Obergeschoß hat man an den Pfeilern acht große runde Schilder befestigt, dunkelgrün, mit goldenen arabischen Buchstaben, die Koransprüche enthalten. Diese Präsentirteller sehen in ihren schreienden Farben niederträchtg aus und fallen durch ihre Plumpheit und Rohheit durchaus aus der feierlich würdigen Stimmung des Ganzen.

Die Muhamedaner wenden sich, wie man weiß, bei ihren Gebeten in der Richtung nach Mekka zu. Die christlichen Erbauer der Agha Sofia haben sich natürlich um Mekka nicht gekümmert, und bei der Umgestaltung der christlichen Kirche zum muhamedanischen Gotteshaus hat man nun die ganze innere Einrichtung für den Dienst des Islam in einen häßlichen Widerspruch zur architektonischen Anlage der altchristlichen

Kirche bringen müssen. Der Altar, welcher auf Mekka zugewandt ist, der sogenannte Mihrab, hat schief gestellt werden müssen und steht nun nicht mehr genau in der Mitte der Apsis. Alle Strohmatten und Gebetteppiche im Schiff sind in paralleler Richtung mit dieser Mihrab, also schief gelegt. Es sieht wunderlich und unschön aus. An der Seitennische links von der Apsis befindet sich die Loge des Sultans, ein von schlanken Säulen ge= tragener, überdachter und mit einem sonnenartigen Schmuck gekrönter Bau, der durch ein dichtes, reiches, arabeskenartiges goldenes Gitterwerk abgeschlossen ist. Gegenüber, an dem Hauptpfeiler rechts von der Apsis, führt eine schmale steile Treppe zu der in einen hohen spitzen Thurm auslaufenden Kanzel hinauf. Im Haupt= schiff sind an den Pfeilern noch einige ebenfalls von Säulen getragene Tribünen, auf denen sich während des Gottesdienstes die Softas und Geistlichen ver= sammeln, die die Gebete ausrufen und die Sprüche aus dem Koran vorlesen. In der Nacht, in der ich die Agha Sofia besuchte, waren alle Tribünen vollbe= setzt. In schrägen Reihen, dicht nebeneinander, hockten auf den Strohmatten und Teppichen die Gläubigen, die den gewaltigen Raum des Mittelschiffes vollkommen füllten. Aus der Tiefe erklang eine merkwürdige

Stimme in für mich unverständlichen Lauten, ein selt=
sam feierlicher Singsang, wieder mit jenem gurgelnden
zitternden Beiklang, wie ich ihn schon von dem Muezzin
beim Selamlik gehört hatte. Während diese Stimme
ertönte, führten die Gläubigen im Schiffe der Kirche
und die Theologen auf den Tribünen mit ganz erstaun=
licher Präcision gleichzeitige Bewegungen aus. Wohl=
einexercirte Truppen hätten es nicht genauer machen
können. Bald streckten sie die Hände, mit den Hand=
flächen nach oben, von sich, bald kreuzten sie die Arme
über der Brust, bald bogen sie den Oberkörper nach
vorn, bald duckten sie sich ganz nieder, so daß ihre
Stirn den Boden berührte. Und bei jeder dieser, von
vielen Hunderten, vielleicht von Tausenden gleichzeitig
ausgeführten Bewegungen entstand naturgemäß ein selt=
sames Rauschen, das durch die hohen Wölbungen hallte.
Im ersten Augenblick kamen mir diese Aeußerlichkeiten
recht weltlich vor, wie eine Art schwedischer Heilgym=
nastik, aber nachdem ich nur wenige Minuten von
der Höhe herab die Betenden in ihren eigenthüm=
lichen Stellungen und Beugungen betrachtet hatte,
erschien mir diese Art, seinem Gott zu dienen,
nicht befremdlicher als jede andere. Der tiefe Ernst
und die Andacht, mit denen die Muhamedaner ihren

frommen Uebungen oblagen, machte einen feierlichen Eindruck.

An die Agha Sofia sind, wie auch an die anderen Moskeen, verschiedene Mausoleen angebaut, die soge-nannten Turben, die Grabstätten der Sultane und der Sultaninnen, — Kuppelbauten, die mitunter mit köst-lichen Fayencen bedeckt sind, und in denen die in der Form nicht gerade schönen, hundehüttenartigen Katafalke, die mit den herrlichsten und prächtigsten Teppichen be-deckt sind, stehen. Am Kopfende befinden sich auf einer runden Stange zur Kennzeichnung der männlichen Todten große Turbane.

Wie ich einen wenn auch nur flüchtigen Einblick in das kirchliche Treiben gewonnen hatte, so reizte es mich natürlich auch, das weltliche kennen zu lernen; und ich muß sagen, die Stunden, die ich im Bazar ver-bracht habe, gehören mit zu den interessantesten meines Aufenthals in Konstantinopel.

Ich habe mir oft den Kopf zerbrochen, woher die Käufer alle kommen sollen, um den Ansprüchen der Verkäufer im Orient zu genügen. In jedem Hause der belebteren Verkehrswege sind so und soviel Läden; alle Straßen werden von ambulanten Verkäufern vom frühen Morgen bis zum späten Abend durchzogen.

Man sollte meinen, daß damit jeder Bedarf schon ge=
deckt sein müßte. Aber zu all dem kommt noch eine
eigene mächtige Verkaufs= und Ladenstadt, der Bazar.
Der große Bazar in Konstantinopel zählt sechsunddreißig
Straßen und hat neun verschiedene Eingänge. Es ist
ein Labyrinth, in dem sich kein Mensch ohne Führer
zurechtfindet. Diese ganze Verkaufsstadt ist überwölbt.
Das Licht fällt von oben durch kleine Kuppeln ein, —
ein gedämpftes, halb graues, aber nicht unangenehmes
Licht. Der Bazar ist nur während der Tagesstunden
geöffnet. Laden reiht sich an Laden. Es sind nur
Verkaufsläden, die Verkäufer wohnen nicht dort. Es
sind Gewölbe und Lauben, wie sie sich auch bei uns
noch in einigen alten Städten erhalten haben.

> „ . . . Nach dem Bazar sollt Ihr mich anjetzt
> Begleiten, wo die Mohren zum Verkauf
> Ausstellen, was das Morgenland erzeugt
> An edelm Stoff und feinem Kunstgebild.“

Es sind nicht nur Mohren, es sind vielmehr haupt=
sächlich Juden des Orients, die da ihre Waaren feilhalten.
Und was verkaufen sie! Alles, aber auch Alles! Das
Nothwendige und das Entbehrliche, die erbärmlichste
Schleuderwaare und die auserlesensten Kunstwerke, die
Erzeugnisse der Wildheit und der höchsten Cultur aus
alter und neuer Zeit — Alles, Alles!

Der Freund, der mich begleitete, ein Ingenieur, der seit langen Jahren in Konstantinopel ansässig ist, war ein kundiger Führer. Nachdem ich eine Viertelstunde mit ihm durch die verschiedenen Verkaufsstraßen gegangen war, fühlte ich mich wie in einem Taumel. Es schwirrte mir vor den Augen. Alles schien mir so neu, so befremdlich! Ich wandelte durch die engen Gassen im Dämmerlichte wie im Traum. Wo immer wir unsere Schritte verlangsamten oder stehen blieben, um uns dies oder das etwas genauer anzusehen, überall hatten wir sofort um uns zwei, drei dienstfertige Verkäufer, die die Herrlichkeit ihrer Waaren und deren Preiswürdigkeit rühmten und uns mit den verlockendsten Worten und unter der beständigen Zusicherung, daß wir nichts zu kaufen brauchten, dringend einluden, näher zu treten. Sie ließen sich auch durch unsere bestimmtesten Versicherungen, daß wir nichts kaufen wollten, nicht beruhigen; und wenn wir weiter gingen, so folgten sie uns noch minutenlang und wiederholten immer wieder ihr freundliches, allerdings etwas zudringliches Anerbieten.

Ich hatte für einige Freunde und für mich Einkäufe zu machen; wir hatten also ein bestimmtes Ziel. Wir brauchten etwa zwanzig Minuten, um bis zu dem Gewölbe, das wir suchten vorzudringen. Mein Freund

hatte mich bringend gebeten, mich auf keinen Fall in
den Handel, den wir abschließen wollten, einzumischen:
er allein werde die Unterhandlungen führen. Diese
Mahnung wurde mir erst später verständlich, als ich bei
der Erwerbung der einzelnen Waaren merkte, wie jeder
Ankauf den Gegenstand eines besonderen Vertrages bil=
dete, eines Vertrages, der übrigens auf den schwankendsten
Unterlagen beruhte. Von diesem Feilschen macht man
sich bei uns gar keine Vorstellung. Man ist in voll=
kommenster Unsicherheit, ob der Händler für ein Ver=
kaufsobject, das er uns zeigt, fünf oder dreihundert
Franken fordern wird. Ob und wie eine Einigung er=
zielt wird, auch das bleibt bis zum Abschlusse vollkommen
fragwürdig. Diese Ungewißheit hat in gewissem Sinne
etwas Reizvolles; mich wenigstens haben diese Ver=
handlungen königlich amüsirt.

Als wir in das Gewölbe eintraten, in dem wirklich
alle Schätze des Orients aufgespeichert waren: Teppiche,
Decken, Vorhänge, Stickereien und Gewebe aller Art,
Waffen, Silberarbeiten, Nippessachen und Curiosen, be=
grüßte uns der Händler, der schlechtweg Isaak hieß, mit
unterwürfiger Freundlichkeit. Meinem Freunde reichte
er die Hand, und dankte ihm in etwas pathetischer und
salbungsvoller Weise in gerade nicht akademischem, aber

doch ganz gut verständlichem Französisch für die Ehre
des Besuchs. Während der folgenden sehr langwierigen
Unterhandlungen, die wohl zwei Stunden in Anspruch
nahmen, vielleicht noch mehr, und die den Verkäufer in
keiner Weise zu ermüden schienen, bediente sich Isaak
fast immer des vertraulichen Du. Es versteht sich, daß
er auch von meinem Freunde geduzt wurde. Bevor
wir noch einen Wunsch hatten äußern können, sagte
uns Isaak:

„Setzt Euch! Wollt Ihr eine Tasse Kaffee, Chocolade
oder Limonade trinken?"

Wir entschieden uns für Kaffee. Er bot uns
Cigaretten an. Und als wir nun recht gemüthlich in
dem kleinen überfüllten Raum saßen, erzählte uns Isaak
zunächst allerlei interessante Sachen über seine Familie,
klagte über die schlechten Zeiten, über die Niedertracht
der Concurrenten, und über die sich immer mehr steigernde
Sparsamkeit der Fremden. Mit einem feinen, kaum
merklichen Uebergang, ohne irgendwelche Ueberhastung,
lenkte er dann das Gespräch auf den eigentlichen Zweck
unseres Besuchs.

„Ich bringe Dir einen Freund," sagte mein Be=
gleiter, „der verschiedene Sachen ankaufen will. Aber
Du darfst uns nicht betrügen."

Isaak blickte mit seinen treuherzigen braunen Augen lächelnd auf mich und machte eine milde Bewegung der Abwehr.

„Du weißt, ich bin ein guter Kunde," fuhr mein Freund fort, „und ich habe Dir schon für viele Tausende abgekauft."

„Das weiß ich," antwortete Isaak. „Und der Himmel weiß auch, daß ich Dich dafür jeden Abend in meinem Gebete segne. Ich behandle Dich wie einen Freund und Deine Freunde wie meine Freunde. Ich will an Dir nichts verdienen. Jetzt kann man ja über=haupt nichts mehr verdienen. Ich will sogar Schaden erleiden, nur soll er nicht zu groß sein. Du brauchst mit mir gar nicht zu unterhandeln. Wähle Dir, was Du willst, nimm es mit und zahle mir, was Du willst. Du brauchst es auch nicht gleich zu zahlen, ich überlasse es Dir, die Zeit zu bestimmen. Du siehst, einen bessern Verkäufer findest Du nicht. Nun bitte, nimm Dir, was Du willst."

Auf unser Verlangen legte uns Isaak zunächst einige orientalische Stickereien vor.

„Was verlangst Du für dieses Handtuch?"

Isaak betrachtete es eine Weile. „Den Fremden

verkaufe ich es für fünfzig Franken, Dir gebe ich es für fünfundvierzig."

„Aber Isaak, Du Erzschelm! Ich kenne ja Deine Auszeichnungen! Das ist ja nur mit zwanzig Franken markirt!"

„Aber Herr, wie könnt Ihr das sagen! Soll ich mein Geschäftsbuch vorholen? Hier steht die Nummer, ich werde es Dir zeigen."

Er holte wirklich eine Art Hauptbuch hervor und schlug die Nummer auf. Daneben stand in hebräischen Buchstaben für mich Unverständliches. Mein Freund konnte aber die hebräische Schrift lesen.

„Nun, Du siehst ja, da steht ganz deutlich zwanzig Franken!"

„Zwanzig Franken Einkaufspreis, ja! Aber weißt Du, wie ich zu dem Tuche gekommen bin? Ich habe es einer hungernden alten Frau abgekauft, und jetzt liegt es hier im Magazin seit langen Jahren. Das Tuch kostet heutzutage wenigstens fünfunddreißig Franken im Einkauf. Andere Artikel dagegen sind gesunken. Wie soll ich es nun machen, um das Gleichgewicht her= zustellen? Wenn ich zufälligerweise einmal ein gutes Geschäft gemacht habe, soll das jetzt auch ein schlechtes werden? Sei doch billig und gerecht! Für zweiund=

vierzig Franken will ich Dir das Tuch lassen. Aber jeden Centime, den ich weniger dafür bekomme, raube ich meiner Familie."

„Also gut, ich gebe Dir zweiundzwanzig Franken."

„Gieb mir zweiundzwanzig Franken! Wenn Du es mit Deinem Gewissen vereinbaren kannst, gieb mir zweiundzwanzig Franken! Ich nehme Alles. Du brauchst mir sogar nicht einmal zweiundzwanzig Franken zu geben. Gieb mir zehn Franken, wenn Du willst! Was Du willst! Fünf Franken meinethalben! Aber wenn Du das Tuch siehst, oder wenn Dein Freund es dereinst betrachten wird, dann denkt an den armen Isaak, der durch diesen Handel schwer geschädigt ist! Denke an dessen Frau und Kinder! Aber was kümmern Dich meine Kinder! Wenn Dich Dein Gewissen nicht plagt, nun gut, so nimm das Tuch. Nimm es umsonst, ich schenke es Dir. Ich will keinen Heller! Du beleidigst mich, wenn Du mir dafür Geld giebst. Es ist mir eine Freude, es Dir zu schenken. Willst Du es aber kaufen, so gieb mir fünfundzwanzig Franken, damit ich zum mindesten für den Zinsverlust entschädigt werde."

„Zweiundzwanzig Franken! Behalte es, wenn Du es mir nicht zu dem Preise geben willst."

„So nimm es zu zweiundzwanzig Franken. Aber

ich bitte Dich, sprich nicht davon, ich will mich vor meinen Concurrenten nicht lächerlich machen. Sage es Niemand. Und auch Du," fügte er zu mir gewandt hinzu, „wenn Du das Tuch nimmst, und wenn man Dich nach dem Preise fragt, sage fünfzig Franken. Es ist fünfzig Franken werth, und ich gebe es nur fort, weil ich an Deinem Freunde schon früher etwas verdient habe. Heute will ich nichts verdienen. Ich trenne mich mit schwerem Herzen von dem Stück. Es ist mir lieb geworden. Aber bei den schlechten Zeiten darf das Herz nicht am Besitze hangen. Also nimm es."

So, in demselben Tone und unter ganz ähnlichen Bedingungen, wurde wohl über ein Dutzend anderer Gegenstände und mehr zwischen uns verhandelt. Bei jedem einzelnen Gegenstande wiederholten sich dieselben Scherze. Mit allen Eiden beschwor Isaak, daß er an jedem der verkauften Gegenstände erheblichen Schaden erleide, und daß er nur durch die Noth gezwungen werde, diese Verkäufe abzuschließen. Er erzählte uns schließlich auch eine Räubergeschichte über die dringenden Verpflichtungen, die er zu erfüllen habe, und er ergab sich seufzend in alle Gebote meines Freundes. Inzwischen ließ uns Isaak noch einmal Kaffee kommen und bot uns eine Cigarette um die andere an. Als die einge=

kauften Waaren aufgeſtapelt dalagen, zählte Iſaak die
ausbedungenen Preiſe zuſammen. Mein Freund rundete
die Summe um zweiunddreißig Franken nach unten ab,
um eine gerade Zahl zu bekommen. Iſaak ſeufzte
wieder, diesmal feuchteten ſich ſogar ſeine ſchönen dunklen
Augen und er ſchwor mir gar, er werde durch meinen
hartherzigen Freund ruinirt. Aber damit war mein
unerſättlicher Begleiter noch immer nicht zufrieden, er
verlangte für mich noch ein „Backſchiſch“ eine Zugabe.
Stöhnend wie ein ſchwer Verwundeter hob Iſaak beide
Hände gen Himmel.

„Aber Iſaak, elender Wicht! Wir kaufen Dir hier
für verſchiedene hundert Franken Waare ab, und Du
willſt uns nicht einmal etwas zugeben!“

„Suche Dir aus, was Du willſt. Du biſt der
Herr, ich bin der Knecht. Ich muß mir ja Alles ge=
fallen laſſen.“

„Nein, Iſaak, Du ſelbſt ſollſt uns etwas ausſuchen,
und zwar etwas Hübſches.“

Wiederum ſeufzte Iſaak und ſah ſich in ſeinem Ge=
wölbe um. Er ſchleppte allerhand Kleinigkeiten herbei,
und ich entſchied mich ſchließlich für einen damascirten
Ladeſtock. Die Sachen wurden bei Seite geſtellt, ich
zahlte, und der Handel war abgeſchloſſen.

Nun änderte der ehrliche Isaak den Ton vollkommen. Nachdem er vorher beim Abschluß des letzten Kaufvertrags in wunderbarem Pathos geklagt hatte: „Als ich Dich mit dem Freunde hier eintreten sah, glaubte ich, dieser Tag würde für mich ein Freudentag sein; nun aber, dank Deiner Unerbittlichkeit, ist er für mich der Tag der tiefsten Trauer geworden" — lächelte er jetzt auf einmal wieder sehr vergnügt, wurde heiter und gemüthlich. Wir plauderten noch eine Weile, und endlich sagte mein Freund:

„Nun sage mir, Isaak, aber ganz ehrlich, sprich ausnahmsweise einmal die Wahrheit, — sage mir, was hast Du heute an uns verdient?"

„Verdient?" wiederholte Isaak höchlichst erstaunt. „Wie kann man an Dir etwas verdienen! Du willst mich offenbar höhnen. Verloren habe ich, viel verloren!"

„Das weiß ich ja! Aber wieviel hast Du trotz Deiner Verluste doch noch an uns verdient!"

„Auf mein Ehrenwort: kaum fünfundzwanzig Procent," schmunzelte Isaak, der diesmal vielleicht aufrichtig war, — vielleicht auch nicht. Hätten wir die geforderten Summen bezahlt, so hätte ich wenigstens das Dreifache des geleisteten Betrages erlegen müssen, vielleicht noch mehr. Die gekauften Gegenstände waren übrigens

wunderschön und nach meinen Begriffen durchaus preis=
würdig. Ich denke an den braven Isaak mit den rühren=
den braunen Augen und an dessen merkwürdige Rhetorik
mit wahrhaftem Vergnügen zurück.

XI.

Um Konstantinopel.

Die Mauern. — Fahrt nach der asiatischen Küste. — Moda und Kadiköi. — Der große Kirchhof von Skutari. — Die asiatische Türkenstadt. — Ein wunderlicher Heiliger.

Es wäre eine Vermessenheit, wollte ich jene stolzen Denkmäler aus der byzantinischen Zeit, die das ernste Studium des Archäologen erfordern, die ich aber nur mit dem Blick des Laien im Vorübergehen gestreift habe, in den Kreis meiner völlig anspruchslosen Aufzeichnungen ziehen. Für mich waren all diese Säulen und Obelisken, die jetzt lieblos der Verwahrlosung überlassen sind, diese Cisternen und Trümmer großartiger Bauten, vor Allem aber diese cyklopischen Mauern, mit denen Konstantin seine Hauptstadt befestigt hat, nur die beredten Zeugen der mächtigen Vergangenheit, ehrwürdig melancholische Wahrzeichen der gefallenen Größe.

„. . . Eine Lavarinde
Liegt aufgeschichtet über dem Gesunden,
Und jeder Fußtritt wandelt auf Zerstörung."

Diese Worte des Dichters werden uns mit einer
Eindringlichkeit sondergleichen, namentlich durch die ge=
waltigen Mauern, in's Gedächtniß zurückgerufen. So
viel auch zerfallen ist, das, was dem Sturm der Zeit
getrotzt hat, ist noch von überwältigender Größe. Diese
riesigen Steinaufschichtungen, aus denen jetzt das dicke
Gestrüpp hervorwuchert und mächtige Bäume aufstreben,
machen auf uns, wenn wir den großen Spazierritt um
die Stadt unternehmen, der uns all die Schönheiten, die
wir schon bewundert haben, wieder in neuem Lichte und
in immer neuen Perspectiven zeigt, den unauslöschlichen
Eindruck der grandiosen Verlassenheit.

Die Mauern haben eine Länge von nahezu sieben
Kilometer und verbinden etwa hundertzwanzig meist
viereckige Thürme miteinander. Seit langen Jahr=
hunderten hat man den kolossalen steinernen Ring bis auf
wenige unerhebliche Strecken der langsamen Zerstörung
durch die Zeit preisgegeben, hat man ruhig verfallen
lassen, was eben verfallen ist, und keines Menschen Hand
hat die rastlos schaffende Natur, die die Erde zwischen
den Steinhaufen befruchtet, in ihrem versöhnlichen Er=
zeugungswerke gestört. Zu undurchbringlichem Gestrüpp
hat sich das Unkraut verdichtet, und auf den Höhen
schaukeln sich jetzt breitästige Bäume im Winde. Auf

unserm Erdtheil wüßte ich kaum einen Bau zu nennen,
der die trotzige und doch vergebliche Auflehnung des
Menschenwerkes gegen die unaufhaltsame Zerstörung durch
die Zeit, der die Vergänglichkeit alles Irdischen in er=
schütternderer Weise zum Ausdruck brächte, als diese
riesenhaften Ruinen.

Der wundersame Contrast zwischen der feierlichen
Stille hier an den Mauern und dem wüsten Lärm in
den engen Gassen, diese Nachbarschaft der schroffsten
Gegensätze, tritt uns auch sonst in Konstantinopel oft
in befremdlicher Weise entgegen. Mitten in den volk=
reichsten Gegenden finden wir die Trümmerhaufen, die
unangetastet bleiben, und auf denen das Unkraut
wuchert. Und inmitten des vollsten und lärmendsten
Lebens der Großstadt finden wir die Ruhestätten für die
Todten: außer den großen Kirchhöfen zahlreiche kleinere
Begräbnißplätze, die überall zerstreut in der Stadt um=
herliegen. Der größte und wichtigste Friedhof der ganzen
Türkei ist der von Skutari, auf dessen schwermüthig
finstere Cypressen unwillkürlich sich unser Blick jedesmal
wieder hinlenkt, wenn wir über die große Brücke gehen.
Der Friedhof von Skutari ist nicht nur an sich eine Sehens=
würdigkeit, er bietet nebenbei auch den vielleicht schönsten
Aussichtspunkt auf Konstantinopel und das Goldene Horn,

auf die Prinzeninseln, das Marmara-Meer und den Bosporus.

An einem herrlichen sonnenhellen Tage fuhr ich mit meinem liebenswürdigen Gastfreunde, dem Ingenieur, der mich im Bazar herumgeführt hatte, nach der asiatischen Küste hinüber. An der großen Brücke nahmen wir ein Kaik, eines jener schlank gebauten leichten Boote, die pfeilschnell durch das Wasser schießen. Die beiden Bootführer waren wunderherrliche Gestalten, Modelle, wie sie sich ein Maler nicht schöner hätte wünschen können. Namentlich der eine war eine prachtvolle Erscheinung. Er war von der Sonne ganz schwarz gebrannt. Unter dem Fez quoll das volle Haar hervor, ein ganz krauser, ziemlich dünner Vollbart umrahmte das edelgeschnittene Gesicht, aus dem zwei brennend heiße dunkle Augen funkelten. Seiner Jacke hatte er sich entledigt; er trug nur das Hemd und breite weiße Pluderhosen, die bis über die Kniee reichten. Das Hemd war nicht geschlossen, und man sah, wie Brabantio sagt, „des Unholds pechschwarze Brust". Er hatte die Hemdärmel aufgestreift und zeigte ein paar Arme von wahrhaft herkulischer Muskulatur.

Während unser kleines Schiff unter den wuchtigen Ruderschlägen die blaue Fluth durchsauste, tummelten

um unser Fahrzeug hunderte von lustigen Delphinen,
die die lächerlichsten Kopfsprünge machten. Es sah
beinahe so aus, als ob sie uns eine Extravorstellung
geben wollten. Dabei zogen in langen Ketten die tief=
fliegenden Vögel an uns vorüber, und die Sonne
glitzerte in dem cyanenblauen Wasser, das eine herrliche
Kühle verbreitete. Es war ganz wundervoll.

Für die Bewohner von Konstantinopel, die gewisser=
maßen à cheval zwischen zwei Welttheilen sitzen, hat
Skutari mit den anliegenden Ortschaften nichts besonders
Eindrucksvolles mehr. Auf mich aber machte es doch
eine eigenthümliche Wirkung, als ich den Fuß zum ersten
Mal auf den Boden Asiens setzte.

Moda, das oberhalb der gleichnamigen Bucht in
wundervoller Lage auf schroff abfallender Höhe aufgebaut
ist, bildet gewissermaßen die Vorstadt zu Kadiköi, dem
alten Chalcedon, der Nachbarstadt von Skutari. In
Moda und Kadiköi leben sehr viele Deutsche, die sich
da inmitten kleiner blühender Gärtchen bescheidene hübsche
Häuser gebaut haben. Man hat von hier aus eine
entzückende Aussicht auf das Marmara = Meer und
namentlich auf die Prinzeninseln, die während der
Sommermonate vielen Bewohnern Konstantinopels und
unter diesen auch namentlich vielen unserer Landsleute

eine kühle Zufluchtsstätte aus der alsdann unerträglich heißen Stadt bieten. In Kadiköi herrscht während dieser Zeit ein reges Badeleben. Außer ihrer unvergleichlich schönen Lage bieten die beiden Orte nichts Besonderes. Wir durchfahren sie schnell, um uns, wiederum auf einem unmöglichen Wege, zur Höhe des großen Kirchhofs von Skutari hinaufrütteln zu lassen.

Ein ungeheurer Cypressenhain, der über eine Stunde lang ist, nimmt uns auf. Die Bäume von ungewöhnlicher Stärke und Schönheit beschatten tausende und abertausende von Grabsteinen, die den Boden ganz bedecken. Zu Kopf und zu Füßen jedes Todten ist senkrecht ein etwa fünf bis sechs Fuß hoher Marmorstein aufgerichtet. Jede männliche Leiche ist dadurch gekennzeichnet, daß einer der Steine einen Turban, neuerdings auch mitunter ein Fez trägt. Mit kunstvoll verschnörkelter Ornamentik — die türkischen Steinmetze besitzen dafür eine besondere Geschicklichkeit — und mit langen Aufschriften sind diese Steine geschmückt. Die Verzierungen und Schriften sind häufig in bunten Farben ausgeführt, vergoldet oder blau, roth und grün. Da, wo der Kopfschmuck grün und schwarz gefärbt ist, ruht ein Derwisch. Die eigenthümliche Gleichgültigkeit der Türken an der Erhaltung des Geschaffenen, ihr uns unbegreiflich erscheinender Hang, der zerstörenden Gewalt der Elemente und der Zeit in träger Gelassenheit zuzuschauen, zeigt sich auch hier. So herrlich die Steine sind, mit denen die Türken ihre Todten ehren, sie lassen sie ruhig verderben und verwittern und kümmern sich nicht im Geringsten um die Instandhaltung der Gräber. Die zunächst senk= recht eingetriebenen schmalen Steine verlieren sehr bald durch ihr eigenes Schwergewicht ihre ursprüngliche Stellung; sie senken sich bald nach rechts, bald nach links, bald nach vorn, bald nach hinten, und kein Mensch denkt daran, sie wieder in Reih und Glied zu richten. So macht denn dieser riesige Kirchhof, der größte des Orients, bei dem wüsten Durcheinander und der völligen Unregelmäßigkeit der Grabsteine trotz der Schönheiten im Einzelnen denselben Eindruck grenzenloser Verwahrlosung, wie wir ihn hier zu Lande auf Schritt und Tritt empfangen. Die große Todtenstadt unter den ehrwürdigen, schwermüthigen Cypressen ist gerade so ver= winkelt und vernachlässigt, wie die Stadt der Lebenden.

Aber die ungeheure Ausdehnung, die Massenhaftig= keit der unzählbaren, zum Theil sehr kunstvoll gemeißelten Marmorsteine und vor Allem die Schönheit der finsteren Bäume ergreift doch mächtig.

Skutari selbst war die erste unverfälschte asiatisch=

türkische Stadt, die ich kennen gelernt habe. Die Holz=
häuser, in denen jedes Stockwerk, von schwachen hölzernen
Stützen getragen, über das andere hervorspringt, sind
unansehnlich und unschön. Alle Fenster sind mit einem
doppelten Gitterwerk, einem hölzernen nach der Straße
zu und nach der Wohnung zu noch mit einem aus Rohr
geflochtenen, abgesperrt. Bisweilen springt noch ein
ebenfalls dicht vergitterter Kasten, der genau wie ein
Käfig aussieht, wohl eine Art Erker, aus der Stirnseite
hervor. Die Stadt ist wie ausgestorben. Hier hört
man kein Wagengeräusch, hier sieht man fast keinen
Menschen. Die Männer sind wohl zum großen Theil
unten am Strande, vielleicht auch im Bazar, wo sie ihre
Waaren feilbieten, und die Frauen sind, vor Aller Blicken
verborgen, in ihren freudlosen Gemächern oder in jenen
duftenden und blühenden, aber einsamen Gärten, die
durch hohe Mauern Aller Blicken entzogen sind. Tritt
einmal eine dicht verschleierte Türkin auf die Straße
und wird sie des Fremden ansichtig, so huscht sie mit
einer hier auffälligen Schnelligkeit vorüber.

In einer der öden Straßen, deren Traurigkeit hier
im blendenden Sonnenglanze noch besonders traurig
wirkte, sah ich ein merkwürdiges Schauspiel. Von
zwei zerlumpten Derwischen wurde auf einer Sänfte ein

schreckliches menschliches Wesen getragen, ein vertrottelter
Krüppel, aus dessen blöden Augen der Stumpfsinn starrte.
Die beiden Männer sangen ganz merkwürdig mit über-
lauter Stimme. Es waren Koransprüche, die sie vor-
trugen. Dazwischen lallte der arme Blödsinnige. Die
Krüppel sind den Muhamedanern heilig. Es war also
ein Heiliger, der da umhergetragen und für den vermuthlich die Mildthätigkeit der Rechtgläubigen angerufen
wurde. Nirgends ist mir die Eigenthümlichkeit des
Islam anschaulicher geworden, als in dieser seltsamen
Gruppe der plärrenden Träger und des lallenden Idioten.

Und wie hier überall die Gegensätze gewaltsam an-
einanderstoßen, so sahen wir, als wir um die nächste Ecke
bogen und den Eindruck, den das widerwärtige Schauspiel
auf uns gemacht, kaum überwunden hatten, aus all diesem
Jammer, aus all dieser Traurigkeit und Verlassenheit
hinaus auf das in der goldigen Sonne glänzende blaue
Meer und auf die gegenüberliegende Küste von Konstantinopel, das nun ganz verschwommen im Sonnendunste
in duftigen Umrißlinien wie ein phantastisch märchenhaftes
Bild vor uns lag und in flimmerndem Schimmer aus
dem Wasser aufstieg. Und wir dachten nun nicht mehr
an all die Häßlichkeiten und Traurigkeiten, an denen
unser Weg uns vorbeiführte, wir hatten nur noch die eine

Empfindung: es giebt nichts Schöneres auf Gottes schöner
Welt!

Zu meinem Bedauern hatte ich erfahren, daß wenige
Tage vor meiner Ankunft in Konstantinopel unser Botschafter, Herr von Radowitz, der mir jedesmal, wenn
wir uns getroffen hatten, mit außerordentlicher Zuvor-
kommenheit begegnet war, und bei dem ich eine freundliche
Aufnahme zu finden gewiß sein durfte, seinen Urlaub an-
getreten hatte. Dafür wurde mir aber die große Freude
bereitet, Herrn Dr. Clemens August Busch, unsern früheren
Unterstaatssecretär im Auswärtigen Amte, bisherigen Gesandten in Bukarest und jetzigen Gesandten in Stockholm,
der mit der Leitung der Botschaftsgeschäfte in Konstantinopel betraut war, wiederzusehen. Ich kann Herrn
Dr. Busch für alle Liebenswürdigkeiten, die er mir
während meines Aufenthaltes in Konstantinopel erwiesen
hat, nicht herzlich genug danken. Es war mir auch ver-
gönnt, da er sich in einer amtlichen Angelegenheit nach
dem Sommerpalais der Botschaft in Therapia zu begeben
hatte, unter den angenehmsten Bedingungen von der Welt
in seiner Gesellschaft den Bosporus und die beiden
lieblichsten Bosporusflecken, Therapia und Beuyuk-béré,
kennen zu lernen.

Da der Aufenthalt während der heißen Monate

in Pera selbst gesundheitsschädlich, ja unerträglich ist, so
haben die großen Mächte für ihre Vertreter in Therapia
und Beuyuk=béré herrlich gelegene schöne Sommerresidenzen
errichtet. Die Verbindung mit Konstantinopel wird durch
eigene kleine Dampf=Yachten, die sogenannten Mouches,
vermittelt. Diese allerliebsten schnellfahrenden kleinen
Schiffe tragen die Reichsfarben der betreffenden Bot=
schaften und werden von den Mannschaften der vor
Konstantinopel stationirten Kriegsschiffe bedient. Unser
kleiner deutscher Botschaftsdampfer, von dem aus ich
die Herrlichkeiten der Bosporus=Ufer bewundern durfte,
hat leider, wie später in den Zeitungen zu lesen stand,
durch Zusammenstoß mit einer andern „Mouche", ich
glaube, mit der der russischen Botschaft, schweren Schaden
erlitten; irre ich mich nicht, so ist er sogar gesunken.

Schade um das saubere, schöne, schnelle kleine Schiff!

XII.

Fahrt auf dem Bosporus.

Blick von dem deutschen Botschaftspalais. — Auf dem Wasser;
Delphine und „verdammte Seelen". — Die Ufer. — Die rumelische
und anatolische Veste. — Therapia und Beuyuk=béré. — Der
Sommersitz unserer Botschaft. — Die Quaistraßen. — Durch
Sarijar nach dem Rosenthal. — Berühmtes Wasser. — Ein
Reiterstückchen. — Rückfahrt. — Abschied von Konstantinopel.

Es war ein sonnenheller, wundervoller Tag, an
dem mich Herr Dr. Busch von unserer Botschaft zur
Dampferfahrt abholte. Das deutsche Palais ist auf der
höchsten Höhe von Pera errichtet. Es ist ein stattliches Ge=
bäude, das dem Fremden, der vom Marmara=Meer oder
vom Bosporus her in den Hafen von Konstantinopel
einfährt, sogleich in die Augen fällt. Es hat in Einzel=
heiten, so in der Gliederung der beiden unteren Stock=
werke und in der Krönung des Giebels mit den Adlern,
eine gewollte oder ungewollte Aehnlichkeit mit dem
schlichten königlichen Palais, das unser großer Kaiser
bewohnt hat und in dem er gestorben ist. Aber dadurch,

daß man noch ein Stockwerk aufgesetzt hat, haben sich die
Verhältnisse völlig verschoben, und die Wirkung ist eine
ganz andere geworden — eine weniger harmonische und
vornehme. Das Botschaftsgebäude hat jetzt eine uner=
wünschte Aehnlichkeit mit den Miethskasernen der neuen
Berliner Viertel und imponirt mehr durch seine Größe als
durch seine Schönheit. Aber die Lage ist herrlich. Von
dem vor dem Empfangsraume liegenden Altan aus hat
man den freien Ausblick auf ganz Pera und Stambul,
auf die Serajspitze und die Moskeen, und dann hinüber
auf das Meer und die wunderbare asiatische Gebirgskette
mit deren von blauen Wellen umflutheten Vorschiebungen,
den sogenannten Prinzeninseln. Zur Rechten verliert sich
in blauem Dufte in weiter Ferne das Brussa=Gebirge,
aus dem der asiatische Olymp hervorragt — der falsche
Olymp, dessen schneeiger Gipfel sich mit den von der
Sonne beschienenen ebenfalls schneeig wirkenden Wolken
vermischt. Ringsumher grünt und blüht es. Die bunten
Häuser, die zur Botschaft hinaufzuklettern scheinen, geben
dem Ganzen einen freundlichen lustigen Charakter. Und
unten in den herrlichen azurnen Fluthen rasten die
mächtigen Schiffe, und die Kaiks und kleinen Dampf=
Yachten tummeln fröhlich um sie her, geschlängelte silberne
Furchen hinter sich ziehend.

Eine Fahrt auf dem Bosporus bei goldigem Sonnenschein, in der köstlichen Frische, die das tiefblaue Wasser
uns zufächelt — es giebt nichts Entzückenderes! Aus
dem saftigen Grün, von blühenden Rosen und Oleandern
umkränzt, treten die Marmorpaläste mit ihrem zierlichen
lustigen Schmuckwerk funkelnd am Ufer hervor. Das
Panorama der farbigen Doppelstadt mit ihren kuppel-
förmigen Ueberragungen und spitzen schlanken Thürmchen
verschiebt sich in reizvollster Weise, wird unbestimmter,
traumhaft und verschwindet schließlich in flimmernden
Nebel. Die Sonne besprenkelt das unvergleichliche
Tiefblau des Wassers mit goldigen Tupfen. Große
Schaaren von Delphinen begleiten unser kleines Schiff
und stellen mit diesem eine Art Wettlauf an, in den
übermüthigsten Purzelbäumen bald aus dem Wasser auf-
schnellend, dann wieder kopfüber darin untertauchend.
Unablässig ziehen in größeren und kleineren Ketten von
sechs bis über dreißig und in ziemlicher Tiefe sonderbare
Vögel über die Wasserfläche hin. Bald kommen sie uns
entgegen von der Richtung des Schwarzen Meeres, bald
überholen sie unser Schiff vom Marmara-Meer her-
flatternd. Von weitem gesehen erscheinen sie wie schwarze
Wellenlinien über dem Wasser. Wenn sie sich uns
nähern, so sehen wir, wie in der Sonne ihre Leiber

schneeig weiß glänzen. Sie haben in ihrem hastenden
Fluge etwas merkwürdig Scheues und Angstvolles. Die
Leute von Konstantinopel behaupten, daß man diese Vögel
nie habe ruhen sehen. Sie schwärmen beständig hin und
wieder, in der engen Wasserstraße der Darbanellen, wie
in der breiteren und schöneren des Bosporus, ohne Rast
und Ruhe. Deshalb nennt man sie auch in Konstan=
tinopel die „verdammten Seelen.“ Inwieweit die wissen=
schaftliche Feststellung mit dem Glauben im Volke
übereinstimmt, weiß ich nicht. Ich glaube, man zählt
diese Vögel, die ich hier zum ersten Mal gesehen habe, zu
den Halcyonen. Jedenfalls aber ist die volksthümliche
Bezeichnung sehr zutreffend; sie machen einen unheimlich
ruhelosen traurigen Eindruck.

Und gerade hier, in dieser wunderherrlichen Freudig=
keit der Natur, über diesem Wasser, an dessen kräftig
schönem Blau man sich nicht sattsehen kann, in dieser
erquickenden Kühle, in dieser behäbigen Friedlichkeit der
grünenden, blühenden Ufer wirken die zappelnden angst=
vollen Geschöpfe, die da beständig auf und nieder
schwirren, doppelt befremdlich und gespenstisch.

Die Ufer des Bosporus sind von den Ausläufern
von Konstantinopel an bis nahezu hinauf zum Eingang
in das Schwarze Meer fast ganz mit Häusern und

Häuschen bebaut. Flecken reiht sich an Flecken. Jede Einzelheit und Alles zusammen strahlt in lustigster Farbigkeit, in heiterstem Glanze. Freilich darf man auch hier das Einzelne nicht allzu scharf in's Auge fassen. Auch an den wunderschönen Ufern des Bosporus würden wir ohne Mühe die beredten Zeugen der orientalischen Eigenthümlichkeit und des traurigen Zustandes der Türkei insbesondere deutlich wahrnehmen: die grenzenlose Sorglosigkeit, den Verfall ohne Kummer, den Mangel ohne Klage. Auch hier wohnt in den Fensterhöhlen der eingeäscherten Gebäude das Grauen. Herrliche Sommersitze, die sich in besseren Zeiten die wohlhabenden Leute von Konstantinopel hier errichtet haben, stehen nun verlassen und verwahrlost da, und die schönen Gartenanlagen von ehedem sind in erschrecklicher Weise verwildert. Aber das Ganze ist doch so wundervoll, daß man sich durch diese Wahrnehmungen nicht verstimmen und das wohlige Behagen, das uns die Gesammtheit bietet, nicht verkümmern läßt. Wir blicken über all die Verwahrlosungen, über die Schutt- und Trümmerhaufen hinweg und freuen uns der lachenden Häuschen, die an den sanft aufsteigenden Ufern aufgebaut sind, an dem Tiefgrün der alten Bäume, die sie beschatten, und an der Blüthenpracht ringsumher.

In das friedliche Idyll, das sich auf beiden
Seiten des blauen Wassers entlang zieht, tritt plötzlich
unvermittelt und trotzig die Gewalt kriegerischer Bauten.

Unwillkürlich mußte ich an die Tell = Ouverture
denken: wie in das liebliche Idyll des Kuhreigens roh
und jäh die kriegerischen Trompeten des brutalen Er=
oberers hineinbrüllen. Auf beiden Seiten des Ufers des
Bosporus, der sich hier am meisten verengt, erheben sich
imposante und großartig und gewaltsam wirkende Festungs=
bauten: zu unserer Linken die rumelische Veste, die größte
und bedeutendste, zu unserer Rechten, gegenüber, die
anatolische — Rumili Hissar und Anaboli Hissar —
wahre Zwingburgen, die wie lauernde Ungeheuer auf
der Höhe liegen, mit klotzigen, runden, ausgezackten
Thürmen, die miteinander durch mächtige Mauern ver=
bunden sind, und von denen ebensolche plumpe, schwer=
fällige, klotzige Mauern zum Ufer hinabführen. Die
hellgrauen Steinhaufen ragen aus dunklen Cypressen=
hainen auf, und am Ufer sieht man unter diesen
Cypressen wiederum die schmalen, willkürlich zusammen=
gehäuften Steine, die nach allen Windrichtungen hin
sich gesenkt haben, wieder einen der zahllosen Kirch=
höfe. Jetzt hat sich in diese kriegerische Rauhheit die
Gemächlichkeit des beschaulichen Genießens hineingefilzt.

Zwischen den trotzigen Mauern sind hübsche Landhäuser angebaut, die sich um ihre mächtigen und drohenden steinernen Nachbarn nicht mehr kümmern. Man wird an das bekannte Bild von Paul Meyerheim erinnert: an das zwischen den Klauen des Löwen gemüthlich schlafende Hündchen im Zwinger. Die runden rumelischen Thürme mit ihrem Seitenstück am andern Ufer, den anatolischen, bilden einen der schönsten Punkte des Bosporus. Die Thürme sind ein Jahr vor der Eroberung Konstantinopels durch die Türken von Muhamed II. 1452 erbaut worden. Die alten byzantinischen Chroniken berichten in sehr beredter Sprache von der fürchterlichen Aufregung, von dem sinnlosen Schrecken, der sich der Bewohner des alten Byzanz bemächtigte, als jene kolossalen Bauten in beängstigender Nachbarschaft aus dem Boden aufwuchsen. Und die Angst war nur zu begründet.

Wir dampften frohgemuth an den Thürmen, die jetzt, da sie alles Schreckhafte verloren haben, nur noch von unbeschreiblicher decorativer Schönheit sind, vorüber und stießen erst in Therapia an's Land.

Therapia und das benachbarte Beuyuk-béré sind die beliebtesten und elegantesten Sommeransiedlungen des Bosporus, in einer Lage wie man sie sich herrlicher kaum vorstellen kann. Es ist nicht blos die Vereinigung

von Naturschönheiten und Menschenwerk: das wundervolle
Wasser, die malerischen Ufer mit dem dunklen Grün,
die freundlichen Häuser, die herrlichen Blumen, die
diesem gesegneten Fleckchen Erde seinen Hauptreiz verleihen, es ist vor Allem die köstliche Luft, eine frische
Kühle, eine Reinheit und Würze, die die Brust erweitert
und mit einer Genußfreudigkeit ohnegleichen erfüllt. Alle
Poren öffnen sich, um diese frische freie Luft einzu-
ziehen. Man athmet langsam und bedächtig und mit
wahrem Genusse, man schlürft diese Luft wie einen Labe-
trunk. Selbst in den heißesten Tagen weht von der
benachbarten großen Wasserfläche des Schwarzen Meeres
durch den Bosporus dieser auffrischende Hauch, der mit
Lebensfreudigkeit erfüllt.

In diesen beiden Flecken', die sich nur wenig von-
einander unterscheiden — ob man dem reizenden Therapia
oder dem ebenso lieblichen Beuyuk-béré den Vorzug giebt,
ist Sache des persönlichen Geschmacks —, haben auch
die Botschaften ihre Sommerresidenzen.

Das neuerrichtete Gebäude der deutschen Botschaft
in Therapia hat eine prachtvolle Lage am Bosporus,
in einem herrlichen alten Park, im schattigen Grün
alter kräftiger Bäume, eingeschlossen von dichtbestandenen
lieblichen Anhöhen. Das Gebäude ist in einem etwas

willkürlichen phantastischen Villenstil ausgeführt, in dem sich die Elemente der nordischen Baukunst mit denen des Schweizerhäuschens verschwistern, und für die Ornamentik auch die Einmischung der maurischen und der orientalischen Kunst duldsam zugelassen ist. Es sieht in dieser landschaftlichen Umgebung mit seiner bräunlichen Farbe vielleicht nicht anmuthig und lustig genug aus, aber immerhin ist es ein stattlicher, wohlgefälliger Bau, und die innere Einrichtung soll sehr praktisch und bequem sein. In dem Hauptgebäude sind die Gesellschafts= und Wohnzimmer des Botschafters, in dem Anbau die Geschäftsräume.

Bei Therapia bildet der Bosporus eine kleine Bucht, die als Hafen für die Vergnügungsdampfer und sonstigen Fahrzeuge benutzt wird. Längs der Ufer ist hier wie in Beuyuk=déré eine nach den Verhältnissen des Orients ungewöhnlich gutgehaltene Straße angelegt mit zum Theil recht hübschen Häusern und leiblich guten Gasthöfen. Auf diesen freundlichen Quaistraßen, die an die eleganten Promenaden unserer schönsten Seebäder, Ostendes, Scheveningens u. s. w., erinnern, ergehen sich in der Kühle, die das Wasser spendet, die Glücklichen, die der quälenden Hitze von Konstantinopel haben entrinnen dürfen. Da treiben sich auch die Verkäufer umher,

die ihre Waaren schreiend feilbieten, die Vermiether von
Wagen, Pferden und Eseln und die unvermeidlichen
Bettler; unter diesen natürlich zerlumpte Zigeuner mit
wundervollen Augen, die gezähmte täppische Bären und
schäbig ausgeputzte alberne Affen herumführen und Schau-
lustige um sich sammeln. Die Quaistraße in Beuyuk-
déré ist wohl noch eleganter als die von Therapia.

Zur Zeit, da ich die Bosporus-Ortschaften besuchte,
hatte die eigentliche Saison noch nicht begonnen. Es
hatten sich damals erst wenige Sommergäste eingefunden.
Die großen Hotels, in denen man gut aufgehoben ist,
waren also noch spärlich besetzt. Die Kahnführer und
Pferdevermiether, die lang ausgestreckt am Boden lagen
und sich die Sonne auf den Scheitel brennen ließen, be-
trachteten uns noch mit besonderer Aufmerksamkeit und
boten uns mit der Beharrlichkeit der Orientalen ihr
Dienste an. Trotz unserer Abwehr verfolgten sie uns
viertelstundenlang.

Mit wahrem Vergnügen erinnere ich mich noch des
prächtigen Türken, der uns durchaus zwei seiner Pferde
aufschwatzen wollte. Es war noch ein Türke vom alten
Schlage, wie er im Buch steht: den Turban um den
Kopf geschlungen, ein edelgeschnittenes Gesicht von tief-
brauner Färbung mit fast schwarzen Sommerflecken, mit

großen, schwermüthig braunen Augen, schneeweißem Voll=
bart, in der echten orientalischen Tracht: der kurzen Jacke,
der breiten, bunten Schärpe, den weiten Pluderhosen
und den gestickten Saffian=Schuhen mit aufgeschwungenen
Spitzen. Er hatte sein Rößlein, einen starken, silber=
grauen Ponny mit langer Mähne und langem Schwanz,
kokett ausgeputzt: mit Rosenknospen an den Ohren und
einem großen Bouquet am Schwanz, und er wollte durch
Vorführung seines hübschen Thieres in uns die Lust
entfachen, mit ihm in geschäftliche Unterhandlungen zu
treten. Er paradirte mit seinem stolzen kleinen Gaul vor
unseren Augen in allen Gangarten. Er ließ das Pferdchen
springen und pirouettiren. Und wenn wir uns nicht im
Hotel zum Frühstück angesagt hätten, so hätten wir diesen
Lockungen auch schwerlich widerstehen können.

In den Nachmittagsstunden machten wir von Beujuk=
béré aus einen größeren Spaziergang, der uns zunächst
durch ein türkisches Dorf, das Sarijar heißt, führte.

Das Dorf ist an den Ufern eines kleinen Flusses
aufgebaut, über den verschiedene elende Holzbrücken
führen. Kein Mensch ließ sich in den Straßen sehen.
Die vergitterten Häuser waren allesammt wie ausgestorben.

Gleich hinter dem Dorfe wird es wundervoll. Vor
uns breitet sich ein liebliches, in reichster Vegetation

prangendes Thal aus, das Rosenthal genannt, das langsam aufsteigt und zu einer Höhe hinanführt, auf der sich ein im ganzen Lande weit und breit berühmter Brunnen befindet. Das Quellwasser hat keine anderen Eigenschaften, als die allerdings sehr respectablen der völligen Reinheit, der Frische und des Wohlgeschmacks. Die Türken sind große Wasserfreunde und kommen aus weiter Nachbarschaft daher, um hier ihre großen Thon= krüge mit dem kühlen reinen Wasser zu füllen. Wir begegneten einem stämmigen Burschen, der so einen ge= waltigen Krug schleppte, und der sich mit der Liebens= würdigkeit und Artigkeit der Türken als freiwilliger Führer und Begleiter uns anschloß. Er unterhielt sich mit Herrn Dr. Busch sehr angelegentlich und erzählte diesem Wunderdinge über die heilsame Wirkung des berühmten Wassers. Er stellte Theorien auf, denen unsere Brunnenärzte wohl nicht ohne Weiteres beipflichten werden. Er behauptete unter Anderm, man könne ein ganzes Lamm aufessen; wenn man dann von dem Wasser nur zwei oder drei Glas trinke, so löse sich das Lamm im Magen voll= ständig auf und hinterlasse nicht die geringsten Beschwerden.

Da oben am Brunnen hat sich eine Wirthschaft aufgethan. Wir tranken guten türkischen Kaffee und mehrere Glas des allerdings köstlichen Wassers. Vor

uns lag das schöne grüne Thal, von dichtbewachsenen
Hügeln eingeschlossen, in der vollen Frische des jungen
Sommers. Ein berauschender Wohlgeruch von Blüthen
und Blumen dampfte zu uns auf, und Dutzende von
Nachtigallen flöteten und seufzten dazu. Es waren un=
vergleichlich schöne Stunden, die wir da in gemäch=
lichem Geplauder verbrachten.

Als wir den Heimweg antraten, wurden wir
wiederum von Pferdeverleihern bestürmt, und nun ent=
schlossen wir uns endlich, das sich immer wiederholende
bringende Anerbieten anzunehmen. Ich habe mich nie=
mals für einen Kunstreiter ausgegeben. Das edle Roß,
das ich bestieg, war auch ein ganz vernünftiges Thier,
das meine wohlmeinenden Absichten durchschaute, und zu
dem ich bald in ein recht gemüthliches Verhältniß trat;
aber es hatte seine Mucken, es gehörte zur äußersten
Linken, es hatte einen Drang, nach links hinüberzu=
schieben, der mir um so unangenehmer war, als gerade
links vom Wege die Höhe ziemlich abschüssig und schroff
abfiel. Mein Begleiter vergnügte sich königlich über meine
vergeblichen Bemühungen, das Thier nach rechts zu
bringen. Der Junge, der uns die Pferde gegeben
hatte, trabte schweißtriefend hinter uns drein. Alles
ging auch ganz gut, bis wir in das Dorf zurückkehrten.

14*

Da kam mein Pferd auf den unglücklichen Einfall, zu galoppiren. Ich bat es dringend, diese überflüssigen Scherze zu unterlassen; denn das Pflaster war miserabel, und ich wurde durchgeschüttelt wie eine Medicinflasche. Aber es half nichts. Es galoppirte nun einmal und zwar gehörig. Dabei wahrte es in Bezug auf den Weg, den es nahm, das freie Recht der Selbstbestimmung. Während Dr. Busch mit dem Jungen über eine der Brücken hinweg an der rechten Seite des Flusses entlang trabte, blieb mein Pferd, seinen politischen Ueberzeugungen treu, auf der linken Seite und galoppirte in eigenmächtiger Fröhlichkeit mit mir scharf links. Aber es giebt im Leben ein Wiedersehen, und schließlich vereinigten wir uns gemächlich am Ausgange des Dorfes.

Da trafen wir auch den alten Türken wieder, der noch immer auf seinem silbergrauen Ponny renommistisch paradirte. Ein so gründlich verächtlicher Blick, wie aus den Augen dieses braven Mannes, als er mich in ungewolltem Galopp auf dem wenig reizvollen Gaule vorübersausen sah, hatte mich noch nie getroffen.

Die Sonne stand schon ziemlich tief, als wir wieder an Bord unseres kleinen Dampfers stiegen. Die frische, starke Luft wurde allmählich empfindlich kühler. Wir zogen unsere warmen Röcke an und sahen nun im

golbigen Lichte der scheidenden Sonne die traumhaft
schönen Ufer an uns vorüberziehen. Rechts und links
von uns schwirrten noch immer in langen Ketten die
kleinen Vögel, die „verdammten Seelen", neben uns her.
Größere und kleinere Dampfer begegneten uns, pfeil-
schnelle Kaïks. Und unter dem gluthrothen Himmel sah
das herrliche Konstantinopel wie in Gold getaucht aus
als wir an's Land stiegen.

Selten habe ich frohere, genußreichere und behag-
lichere Stunden verbracht, als an diesem unvergeßlichen
Tage auf dem Bosporus in der Gesellschaft des an-
regendsten und liebenswürdigsten Begleiters . . .

Der einzige Zweck, den ich bei meiner Reise nach
Konstantinopel verfolgt hatte, war nun erfüllt. Ich hatte
das, was auf der Oberfläche liegt, das Augenfälligste,
auf mich wirken lassen, ohne mir durch den unglücklichen Versuch des tieferen Eindringens die Harmlosigkeit
meiner Eindrücke zu verderben. Und so durfte ich denn
mit Befriedigung auf meinen Aufenthalt zurückblicken und
an die Heimkehr denken.

Konstantinopel gehört nicht zu den Städten, die
den Fremden durch andere Reize, als die Schönheit der
Natur, des Colorits und der orientalischen Eigenart,
länger festhalten. Die Stadt, selbst das von Europäern

bewohnte Pera, ist nach meinem Geschmacke vollkommen reizlos. Wenn man sich nicht an eine Familie anschließt — und der Fremde, der der freie Herr seiner Bewegungen sein will, pflegt solche Anknüpfungen nicht zu suchen —, so ist man am Abend ziemlich rathlos. Sobald die Sonne untergegangen ist, weiß man nicht mehr, was man machen soll. Die beiden deutschen Clubs sind recht anständig, aber sie sind ziemlich spärlich besucht; und man geht doch nicht gerade nach Konstantinopel, um Zeitungen zu lesen oder eine Partie Scat zu spielen. Es sind auch noch einige Wirthschaften da, in denen deutsches Bier verzapft wird und unsere Landsleute sich zum abendlichen gemüthlichen Klatsch zusammenfinden. Auch das ist ja ganz nett, aber es ist doch eben ein mäßiger Genuß. Es giebt kein einigermaßen anständiges Theater, und selbst die Tingel=Tangel, die, wie man mir sagte, eigentlich nur die Vorhallen zu zweifelhaften Spiel= höllen bilden, sind von einer Langweiligkeit und Ledern= heit sondergleichen. Die Abendstunden, die in anderen europäischen Städten dem Fremden an Zerstreuungen und Genüssen gerade am meisten bieten, sind in Konstantinopel von fürchterlicher Oede. Hätte mir mein liebenswürdiger früherer College Julius Grosser nicht Gesellschaft geleistet. ich wäre vor Langweile krank geworden.

XIII.

Von Konstantinopel über das Schwarze Meer nach Bukarest.

An Bord der „Vesta". — Ungemüthlichkeit auf dem Schwarzen
Meer. — Ueber Varna, Rustschuk und Giurgewo nach Bukarest. —
Charakter der Stadt. — Die kleinen Häuser und Gärten. —
Die guten Wagen und die russischen Kutscher. — Die Chaussee
Kisseleff. — Toilettenluxus der Damen. — Böse Nachrede. —
Das Schminken. — Kirchen und Kapellen.

In den Nachmittagsstunden eines sonnig schönen
Maitages begleiteten mich meine Freunde und Bekannten
in Konstantinopel an Bord des Lloyddampfers „Vesta".
Wir verabschiedeten uns herzlich. Um drei Uhr wurden
die Anker gelichtet. Das Schiff war überfüllt, und mit
Mühe und Noth hatte ich in einer engen Kajüte als
Dritter im Bunde ein nothdürftiges Unterkommen gefunden. Unter den Passagieren befanden sich mehrere
mir bekannte Familien aus Berlin und Frankfurt und
auch der alte ungarische Revolutionsgeneral Türr. Die
Fahrt ließ sich gut an. Auf dem ruhigen Bosporus
dampfte unser Schiff nordwärts, und noch einmal sahen

wir in goldigfter Beleuchtung die malerifchen Ufer an
uns vorüberfliegen. Aber je weiter wir fuhren, defto
ftumpfer wurde das Licht. Der Himmel bezog fich. Und
als wir an der Ausfahrt aus dem Bosporus angelangt
waren und in das Schwarze Meer einliefen, war das
Wetter ungemüthlich, rauh und windig geworden.

Aus meiner Secundanerzeit, in der ich durch Ovids
Triftien die erfte nähere Bekanntfchaft mit dem Pontus
Euxinus machte, habe ich eine unüberwindliche aber=
gläubifche Antipathie gegen das Schwarze Meer beibe=
halten. Ich wußte, daß es mir da nicht gut gehen
würde. Und ich täufchte mich nicht. Die lebhaften
Unterhaltungen, die fich unter den Bekannten entfponnen
hatten, verftummten allmählich. Das wirklich recht
ungaftlich ausfehende Waffer war fehr bewegt, und unfer
kümmerliches Fahrzeug wurde unbarmherzig hin= und her=
gefchaukelt. Zuerft zeigten die Damen eine intereffante
Bläffe, und eine nach der andern verfchwand ganz fachte
vom Deck. Bald folgten auch Widerftandskräftigere. Es
wurde immer ungemüthlicher. Immer dichter und un=
freundlicher zogen fich die Wolken zufammen, und lange
vor der kalendermäßigen Zeit brach das Dunkel herein.
Ein rauher Wind peitfchte die Wellen auf, und nun
unterlagen auch die Standhafteften. Faft alle Paffagiere

mit nur sehr wenigen Ausnahmen wurden krank. Ich
hielt es mit der Mehrheit. Mir war in den Abend=
stunden in der engen schwülen Kajüte und in der Ge=
sellschaft von zwei mir unbekannten und noch viel kränkeren
Engländern gottsjämmerlich zu Muthe. Und in diesem
Zustande kaum erträglichen Unbehagens und schnödester
Weltverachtung fielen mir auf einmal alle möglichen
Verse von Ovid ein, an die ich seit zwanzig Jahren
und länger nicht gedacht hatte. Luft, Wasser und Land
waren mir gleichermaßen abscheulich, und ich citirte in
apathischer Niedergeschlagenheit:

Nec caelum patior, nec aquis adsuevimus istis,
Terraque nescio quo non placet ipsa modo.

Aber endlich schlief ich doch vor Ermattung ein,
und ich habe nie wonniger, beseligender geträumt, mich
nie freier gefühlt, als auf dem harten Nothbett in der
engen Kajüte der „Vesta" unter dem unbarmherzigen
Schwanken des Schiffes und in der denkbar unange=
nehmsten Nachbarschaft. Der Traum hatte mir Flügel
gegeben, und ich schwang mich über alles Ungemach
hienieden in köstlicher Freiheit hinweg. Woraus ich
schließe, daß man am Abend nicht zuviel essen soll; denn
mit geleertem Magen bin ich nie eingeschlafen, und
süßer habe ich nie geträumt.

Ich erwachte kurz vor Sonnenaufgang. Die Krisis
war vorüber, ich fühlte mich ganz vergnügt. Etwa um
halb sechs Uhr Morgens sahen wir das sehr malerische
Varna am Ufer aufsteigen. Die Minarehs lassen er=
kennen, daß in dieser wichtigen Stadt Bulgariens noch
viele Türken ansässig sind. Aber neben den schlanken
Thürmchen ragen auch die Kreuze auf stattlicheren Kapellen
auf, und vor Allem fällt unser Blick auf eine schöne
große Kirche, die Alexander von Battenberg errichtet
hat — „als er noch Prinz war von Arkadien!" Auch
das Gebäude, das auf der Nordseite der Bucht unsere
Blicke vor Allem fesselt, ist eine Villa des früheren bul=
garischen Fürsten.

Der Dampfer kann nicht bis ans Ufer gelangen.
Die Landung auf kleinen Booten ist recht schwerfällig
und unbequem. Wir trafen es noch gut, denn die Fluth
hatte einigermaßen nachgelassen. Aber immerhin mußten
die Schiffer verzweifelte Anstrengungen machen, um uns
durch die ziemlich hochgehenden Wellen glücklich ans Land
zu bringen.

Man fühlt, sobald man in Varna nur einige
Schritte gemacht hat, daß man sich jetzt in einem andern
Lande befindet. Der Unterschied zwischen den Beamten
und Soldaten in Bulgarien und in der Türkei ist augen=

fällig. Dort gemächliche Verlotterung, hier strammere
Zucht. Die Polizisten an der Bahn, die Soldaten in
ihren durchaus dem russischen Schnitte sich anschließenden
Uniformen sehen sauber und ordentlich aus. Man
fühlt, daß man jetzt wieder in engeren Zusammenhang
mit dem übrigen Europa tritt. Die Bevölkerung freilich
hat noch ganz den Charakter des Orients. Die Trachten
haben die bunten Farben mit Stickereien, man sieht den
Turban und die Kopfbekleidungen aus Filz und Pelz.
Das Räthsel, daß man gerade da, wo die Sonne am
meisten brennt, sich den Kopf mit den schwersten und
wärmsten Hüten und Mützen bedeckt, habe ich bis jetzt
noch nicht zu lösen vermocht.

Das Stück Bulgarien, das wir nun durchfahren,
ist landschaftlich sehr schön. Es ist bergiger Boden. Wir
sehen interessante und absonderliche Sandsteinformationen,
üppiges Grün, dichtbewachsene Höhen und Berge. Aber
das Land scheint wenig bevölkert zu sein. In großen
Abständen liegt hier und da ein Weiler und Flecken mit
rohgefügten Steinbauten in einfachstem Zweckmäßigkeits-
stile, ohne irgend welche künstlerischen Ansprüche. Mitunter sehen wir auch Heerden von Rindern und Ziegen,
und über die Sümpfe, an denen wir vorbeifahren,
ziehen dichte Vogelschaaren daher.

Ohne ein besonders aufregendes Schauspiel vor Augen gehabt zu haben, gelangen wir so in kurzer Zeit nach Rustschuk, wo wieder eine Horde von Trägern, zerlumpte Kerle, schweißtriefend, in Fetzen, die zum Uebelwerden nach Knoblauch und nach Schlimmerem duften, sich auf uns stürzen und uns unser Gepäck entreißen.

Es ist eine recht lästige und beschwerliche Reise! Wir müssen jetzt über die Donau setzen. Die Ueberfahrt nach Giurgewo wird durch erbärmlich kleine und schlechte Dampfer bewerkstelligt. Da besteigen wir wieder die Bahn und fahren nun durch eine landschaftlich ziemlich reizlose Strecke bis zur Hauptstadt Rumäniens, wo wir Nachmittags gegen fünf Uhr eintreffen.

Außer Konstantinopel giebt es wohl kaum eine Stadt, über die die Urtheile weiter auseinandergingen, als über Bukarest. Die Einen nennen es ein Klein-Paris — jedenfalls mit mehr Recht als Leipzig —, rühmen den großstädtischen Anstrich der Hauptstraßen und des Straßenlebens, die Schönheit der Läden, die Eleganz der Toiletten, die Vorzüglichkeit der öffentlichen Fuhrwerke. Die Anderen schimpfen über den miserablen Zustand der Straßen, in deren Koth man bis über die Kniee versänke, den widerwärtigen Lärm, das renommistische Gehabe und Gethue. Die Beschwerden über die abscheulichen un=

gepflasterten Straßen mit ihren halsbrecherischen Abgründen
stammen jedenfalls aus einer früheren Zeit. Jetzt wären
sie durchaus unberechtigt. Und ich meine, das Urtheil über=
haupt wird gewiß recht wesentlich durch den Umstand mit
bestimmt, ob man aus dem Orient oder aus dem Westen
nach Bukarest kommt.

Bukarest bildet in der That so ziemlich die Scheide
zwischen dem Osten und Westen. Es vereinigt in sich
charakteristische Merkmale des Einen und des Andern. Die
vom Westen Kommenden, die hier zum ersten Mal das
orientalische Straßenleben sehen, das sich in dem neuen
Bukarest allerdings schon aus dem Centrum hat verdrängen
lassen, sich nach den Peripherien zu verkrochen und so
recht und echt eigentlich nur noch im Judenviertel und in
den Vorstädten sich erhalten hat, werden sicherlich erstaunt
und nicht angenehm überrascht sein von diesem unsaubern,
lauten, vordringlichen Gewimmel und Gewühl, von diesen
halbzerfallenen Behausungen, für deren Instandhaltung so
gut wie nichts geschieht, von diesem miserablen Pflaster mit
den offenen Gossen, die das Gegentheil des Wohlgeruchs
verbreiten. Wer aber die entsetzlichen Gassen des alten
Stambul gesehen hat, dem fallen diese Kleinigkeiten kaum
noch auf, der betrachtet sie eben als berechtigte Eigen=
thümlichkeiten des Orients und wundert sich nicht mehr

darüber; der besitzt im Gegentheil nur das empfänglichste
Auge und die vollste Dankbarkeit für das saubere, freund=
lich ansprechende, mitunter sogar großartige Straßenbild,
wie es ihm das neue Bukarest bietet — die elegante
Stadt mit ihren vortrefflich gepflasterten Fahrwegen und
Fußsteigen, mit ihren bequemen und geschmackvollen
Häusern —; der hat seine helle Freude an den un=
gewöhnlich zahlreichen und guten Wagen und Pferden,
an den geschmackvollen und reichen Toiletten der Damen,
an dem Stutzerthum der begünstigten Pflastertreter, an
der Sauberkeit der abretten Offiziere; der fühlt hier zum
ersten Male wieder, daß er sich der Heimat nähert.

Ich habe Bukarest nur von der angenehmsten Seite
kennen gelernt und eine dankbare Erinnerung an die dort
verbrachten Tage bewahrt.

Die Hauptstadt der Rumänen hat entschieden einen
durchaus vornehmen und großstädtischen Charakter. Es
nützt ihr vielleicht nicht viel, daß sie noch großstädtischer
wirken möchte, als sie thatsächlich ist. Das Eigenthüm=
liche, das jedem Fremden, der Bukarest besucht, in's
Auge springt, ist die glückliche Ueberfülle an größeren
und kleineren Gärten und in den Hauptvierteln die be=
neidenswerthe Eigenheit, daß die Wohnhäuser fast alle=
sammt in bescheidenen Größenverhältnissen, zum Be=

wohnen für nur eine Familie, eingerichtet sind. Zwei=
stöckige Häuser gehören in Bukarest schon zu den Selten=
heiten. Richtige Miethskasernen giebt es so gut wie
gar nicht. Viele der liebenswürdigen Häuschen, die
überwiegend in einfachem Stil gehalten sind, wenn auch
selbstverständlich der Wohlstand der Besitzer auf die
Beschaffenheit des Materials und des künstlerischen
Ausschmucks der Frontseite eingewirkt hat, liegen im
Grün versteckt. Auf weite Strecken stehen diese Häuschen
in ihrer grünen Umrahmung vom benachbarten Grundstück
losgelöst da, und nur in den großen Verkehrsstraßen
und in den ärmeren Vierteln reihen sich die Stein=
und Holzbauten zu eigentlichen Straßen zusammen. Aus
dieser Eigenthümlichkeit ergiebt sich, daß Bukarest einen
für seine Einwohnerzahl ungewöhnlich großen Flächen=
inhalt beansprucht. Die Entfernungen sind größer als
in irgend einer andern gleichbevölkerten Stadt.

Eine andere Eigenthümlichkeit ist die, daß es an
einem eigentlichen monumentalen Mittelpunkt fehlt. Das
vornehme Leben concentrirt sich freilich in der Gegend
vom Boulevard und der Siegesstraße bis zur Chaussee
Kisseleff. In dieser Stadtgegend sind die schönsten Magazine,
da rollen die vornehmsten Equipagen daher, da sieht man
die bemerkenswerthesten städtischen Erscheinungen, die

gute Gesellschaft und was sich dazu rechnet. Die Häuser
sind wohl auch schöner als in den anderen Straßen. Aber
im Uebrigen unterscheidet auch dieser reichste und eleganteste
Theil der Stadt sich nicht besonders von den weniger
begünstigten Vierteln.

Vergeblich späht das Auge nach einem großartigen
Bau, der durch seine imposanten Verhältnisse auffiele,
nach einer mächtigen Kathedrale, nach einem gebieterischen
Palaste, nach einem monumentalen Brunnen. Es sind
dieselben kleinen Häuser, dieselben freundlichen Gärten
wie überall. So wirkt die Stadt wie ein vornehmes
Viertel zu einer gewaltigen Großstadt, die nicht vorhanden
ist, etwa wie das Viertel des Thiergartens von Berlin
ohne Leipzigerstraße, Linden, Schloßplatz und König=
straße, wie Londons Westend ohne Trafalgar Square
und City, wie die Straßen zwischen den Champs=Elysées
und dem Parc Monceaux ohne Boulevard und Notre=
Dame. Aber hübsch bleibt es deswegen doch, behaglich
und freundlich, und in dieser Beschränkung auch durch=
aus großstädtisch.

Ja, in einigen Beziehungen ist das verhältnißmäßig
nicht übertrieben große Bukarest viel großartiger, als die
stolzeren und mächtigeren Hauptstädte des Westens.

So ausgezeichnetes und zugleich so billiges öffent=

liches Fuhrwerk wie in Bukarest giebt es nirgends in
der Welt. Beim strengsten Herrn können die eleganten
und leichten Coupés nicht besser und sauberer gehalten sein,
als diese Miethswagen. Und wie sehen die Kutscher
aus! Die meisten sind Russen, die jener fanatischen Secte
der Lipowauer (Skopzen) angehören, die wegen ihrer
unmenschlichen Verstümmelungen aus Rußland ausge-
wiesen sind und in Rumänien Aufnahme gefunden haben.
Sie tragen den langen, von der Hüfte an viel gefalteten
russischen Sammetrock, der bis zu den Knöcheln herabfällt, gewöhnlich in dunkelgrüner, dunkelblauer oder
schwarzer Farbe, mit zwei Reihen dicht aneinander
stehender Metallknöpfe, die vom Kragen zur Hüfte immer
weiter auseinandergehen, um den Leib eine breite
seidene Schärpe, die meistens tiefroth (sang de boeuf)
oder auch himmelblau ist, auf dem Kopf die breittellerige
russische Mütze. Alles in tadelloser Sauberkeit und
Accuratesse. Nicht ein Stäubchen ist an der Kleidung
dieser Kutscher zu bemerken. Es ist mir rein unbegreiflich,
wie diese Leute im öffentlichen Dienste bei Wind und
Wetter ihre kleidsamen Trachten in so musterhaftem
Zustande erhalten können. Sie alle wirken, als hätten
sie eben ihren größten Staat angelegt.

Die russischen Kutscher sehen einander sammt und

sonders zum Verwechseln ähnlich, und es ist schwer zu bestimmen, ob sie achtzehn oder fünfzig Jahr alt sind. Sie sind infolge der schauerlichen Verstümmelung bartlos. Ihre Gesichtsfarbe ist ledern galliggelb, die Augen liegen ziemlich tief in der Höhle, und die Backenknochen springen vor; das stumpfblonde starke Haar ist am Nacken in gerader Linie glatt abgeschnitten. Es sind ruhige, ordentliche, stille Leute, die in Bukarest sehr beliebt sind, und die viel Geld verdienen. Denn in keiner Stadt wird soviel gefahren wie gerade hier. Daß von Zeit zu Zeit Verbrechen aus religiösem Fanatismus vorkommen, ist bekannt; aber diese bleiben immer innerhalb der Secte selbst. Im Uebrigen sind die Lipowaner durchaus ungefährliche brave Männer, die sich nie an fremdem Eigenthum vergreifen und ruhig ihr ödes Leben für sich leben. Sie sehen ernst, ja freudlos aus, sie verkehren und sprechen an den Halteplätzen sehr wenig miteinander. Ich habe sie nie, wie unsere Kutscher, ein Klatschkränzchen bilden, ich habe sie nie lachen sehen.

Eine Eigenthümlichkeit dieser Kutscher ist, daß sie die Namen selbst der wichtigsten Straßen nicht kennen. Wenn man einen Wagen besteigt, so giebt man ihnen nicht etwa, wie bei uns, die Straße und Hausnummer an — das verstehen sie nicht —; sie werden während

des Fahrens vom Fahrgaste selbst dirigirt. Die Bewohner von Bukarest haben es darin zu einer Fertigkei t
gebracht, die dem Fremden viel Vergnügen bereitet. Aber
der Fremde, der in der Stadt selbst nicht Bescheid weiß,
ist ziemlich übel mit den Leuten daran. Er kann sich
nicht mit ihnen verständigen, und der Kutscher fährt
einfach in gerader Richtung darauf los. Wenn er nach
rechts abbiegen soll, berührt man mit dem Stock oder
Regenschirm seinen rechten Arm, nach links den linken,
und wenn er halten soll, fährt man ihm gerade über den
Rücken. Für Ortskundige ist das ja ganz einfach, aber
der Fremde ist, wie gesagt, in einer recht üblen Lage.
Die leichten Wagen, die mit sehr guten kleinen Pferden
bespannt sind, sind außerordentlich angenehm, und die
Pferde laufen wie der Blitz.

Das Fahren in Bukarest ist ein wirkliches Vergnügen. Während der guten Zeit ist denn auch jeden
Nachmittag allgemeine Spazierfahrt, ein wirklich großartiger Corso, wie ihn kaum eine andere Hauptstadt
besitzt. Alles fährt nach der hübschen Chaussee Kisseleff
hinaus. Ist man einmal an der Chaussee angelangt, so
braucht man sich um nichts weiter zu kümmern, dann weiß
der Kutscher ganz genau, was er zu thun hat. Er fährt
zunächst den langen und bequemen Weg bis ans Ende.

Da sieht man hunderte von eleganten Privat= und
Miethswagen, die hier kaum von einander zu unter=
scheiden sind, mit Herren und Damen der vornehmsten
Gesellschaft besetzt. Am Ende oben hält der Wagen mit
den anderen an. Ich weiß nicht, weshalb, aber es ge=
schieht immer. Nach einer Weile fährt der Kutscher
wieder los, etwa bis zur Hälfte der Chaussee, da hält
er in der Nähe eines Kaffeehauses und rastet wieder
einige Minuten, um alsdann die Fahrt fortzusetzen. Das
Vergnügen wiederholt sich, so oft man es eben wünscht.

Diese nachmittäglichen Corsos, die sich wie der
„tour du lac" im Boulogner Gehölz hier zu einer
wirklichen städtischen Einrichtung ungezwungen heraus=
gebildet und mit den kindischen und kindlichen Nach=
ahmungen, die bei uns in regelmäßigen Abständen ver=
sucht worden sind, nicht das Geringste gemein haben,
bieten den Einheimischen und Fremden dieselben An=
nehmlichkeiten. Auf der „Chaussee" treffen sich Alle,
die zur vornehmen Gesellschaft gehören oder gehören
möchten, tauschen Grüße, treffen Verabredungen, kokettiren,
bändeln an, schmollen und klatschen; und der Fremde
sieht da in einer halben Stunde alle bemerkenswerthen
und interessanten Persönlichkeiten der ersten Kreise von
Bukarest.

Dieser arglose Fremde kommt vor Erstaunen gar nicht zu sich, wenn er seinen Blick auf die im Verhältniß zur Größe der Stadt verblüffend starke Anzahl prächtigster Wagen und Pferde und auf den Toilettenluxus der in den Coupés lässig angelehnten Damen schweifen läßt. Man sieht auf diesem Spazierwege mehr Damen in höchster und raffinirtester Pariser Eleganz, als sie eine Großstadt vom doppelten oder dreifachen Umfange unter normalen Bedingungen aufzubringen vermöchte. Man wird daher nothgedrungen zu dem Schlusse geführt, daß die Verhältnisse nicht normale sein können, daß es nicht mit rechten Dingen zugehe, und bedauert die armen Ehemänner, von denen doch nur ein Bruchtheil im Stande sein dürfte, den fabelhaften Luxus, der hier von den gnädigen Frauen, den heranblühenden und verblühenden Töchtern zur Schau getragen wird, aus einem richtig vertheilten, wohlgeordneten Budget zu bestreiten. Denn wenn die Ausgaben der Damen für ihre Toiletten als Norm für die Einnahmen der Männer dienen sollten, so würde Bukarest von Millionären wimmeln müssen.

Es scheint aber, als ob Bukarest in Wahrheit nicht reicher sei, als eine andere Stadt, und als ob der Hang der gluthäugigen Rumäninnen zum Putz allerdings gewisse mißliche Verhältnisse herbeigeführt habe, die zum

Glück nicht als normale zu bezeichnen sind. Böse Zungen
und auch solche, die nicht einmal böse sind, behaupten,
daß es nicht immer der Ehegemahl sei, der die Kosten
für diesen übertriebenen Luxus der Frau trage. Man
erzählt — man flüstert es nicht, man sagt es laut —,
daß die Löwinnen der „Chaussee" zum nicht geringen
Theile jener Kategorie der Evastöchter angehörten, die
Emile Augier „lionnes pauvres" getauft, und von denen
er in seinem ergreifenden Schauspiel ein grausiges Beispiel hingestellt hat in jener Seraphine, die es zunächst
duldet, daß ihre Gewissensbisse wegen des Bruchs der
ehelichen Treue durch zarte Geschenke einigermaßen be-
schwichtigt werden, und die schließlich solche Geschenke
in weniger zarter Form, schließlich sogar in der unzartesten,
nämlich in klingender Münze, in der Bezahlung von
Rechnungen der Schneiderin und Modistin, fordert.

Ich bin natürlich weit davon entfernt, gegen die
anmuthigen Damen, die auf der „Chaussee" an mir vor-
übergerollt sind, und an deren Erscheinung ich meine
arglose Freude gehabt habe, eine so schwere und be-
leidigende Anklage zu erheben. Ich habe nur zu con-
statiren, daß diese Anklage von den Ortskundigen,
und nicht etwa von den eingewanderten Fremden, nein,
von den Vollblutrumänen selbst in rücksichtslosester Weise,

ohne alle Beschönigung, ja sogar ohne alle Entrüstung, wie etwas Selbstverständliches, erhoben wird. Wenn die Damen von Bukarest nicht im besten Rufe stehen so haben sie sich lediglich bei ihresgleichen dafür zu bedanken. Ich habe nie eine Stadt gesehen, in der mit einem solchen Mangel an Respect von den bekanntesten Damen gesprochen wird, wie in Bukarest.

Und sie selbst haben sich nebenbei auch einigermaßen zu beschuldigen, daß sie durch den übertriebenen Aufwand für ihre äußere Repräsentation dem Verdacht, sich zur Bestreitung ihrer kolossalen Ausgaben verborgene und nicht ganz lautere Quellen der Einnahmen zu erschließen, Raum geben. Wenn man sich nach den interessantesten und auffälligsten Erscheinungen auf der „Chaussee" erkundigt, so erhält man unter zehnmal neunmal die Antwort: Das ist Frau Soundso, die Geliebte von dem und dem! Es ist eine einfache Auskunft, die ohne alle Entrüstung gegeben und entgegengenommen wird.

Zum Theil sind die schönen Damen von Bukarest Blenderinnen. Bei der ersten flüchtigen Betrachtung wirken sie, namentlich aus einer gewissen Entfernung gesehen, wie wunderbare Schönheiten. Die großen dunklen, feurigen Augen mit den starken, schwarzen, mondsichelgeformten Brauen, das wohlgeordnete schwarze

Haar, die üppige Büste, die runde Taille, die kleinen
Füße, die durchaus nicht versteckt werden, und der Glanz
der geschmackvollsten und reichsten Pariser Toiletten —
Alles das bietet dem Auge ein wohlgefälliges, heiter
schönes Bild dar. Wie sehr vornehme tugendhafte Damen
sehen sie allerdings nicht aus. Wenn wir unter unserm
farbenarmen Himmel im Thiergarten einer solcher weib=
lichen Erscheinung begegneten, wie wir deren schockweise
auf der „Chaussee" in Bukarest sehen, so würden wir ihr
vermuthlich in der Klassification schweres Unrecht anthun
und nicht ahnen können, daß die betreffende Dame die beste
Gesellschaft besucht und bei sich empfängt. Aber wie
der Humor, so ist auch das, was wir im weitesten
Sinne des Wortes einmal als Decenz oder Wohl=
anständigkeit bezeichnen wollen, doch etwas mehr oder
minder Locales; und das, was hier anstößig wirken
könnte, ist dort nicht blos zulässig, es ist nicht einmal
auffällig. Es ist selbstverständlich.

Ich will natürlich nicht behaupten, daß es in
dem schönen Volksschlage der Rumänen nicht auch in der
großstädtischen Gesellschaft lieblich=frische, jugendliche
Frauen und Mädchen gäbe, wirkliche Schönheiten, die
eine aufmerksamere und sorgfältigere Betrachtung ihrer
Reize vertragen. Aber bei sehr vielen dieser auf den

erſten Blick ſo entzückenden Geſchöpfe iſt allerdings die
Berliner Warnung angebracht: „Nich ſo dichte ran!"
Die Rumäninnen treiben mit der Anwendung der kos=
metiſchen Hülfsmittel zur Erhöhung der natürlichen Reize
und zur Aufbeſſerung der Beſchädigungen durch das
unerbittliche Alter mitunter wirklich übertriebenen Miß=
brauch. Im Vergleich zu ihnen ſind ſogar die Ameri=
kanerinnen, die ſich in dieſer Beziehung ja auch keinen
Zwang auferlegen, unbeholfene Kinder. Das Schminken
iſt unter den Damen Rumäniens eine faſt allgemein ver=
breitete Unſitte. Und nicht blos das oberflächliche
Schminken, das einfache Auflegen von Weiß und Roth.
Mit ſorgfältigſter Kunſt bemalen ſich die Damen. In
feinſten Schattirungen lagert ſich ein roſiger Hauch über
die Wangen. Die ſchwellenden Lippen erglänzen in
feurigem Roth der üppigen Jugend. Die verrätheriſchen
Fältchen an den Augenwinkeln werden zugedeckt, und
ein zartes Weiß, durch das gemalte blaue Adern lieb=
reizend ſchimmern, verwiſcht die unnachſichtigen Ein=
grabungen des bitterböſen Alterns. Zarte ſchwarze feine
Striche unter den Augen laſſen daſſelbe größer erſcheinen
und verleihen dem Blick einen vielverſprechenden feu=
rigen Glanz. Die Brauen ſind ſchwarz nachgezogen,
und die ſchöne Rundung iſt durch kunſtvolle Retouche

noch interessanter geworden. Kurz und gut, sie stellen aus ihren Gesichtern vollkommene Mauvais-Genrebilder her. Die Unsitte des Schminkens ist übrigens nicht nur in der städtischen und vornehmen Gesellschaft Rumäniens verbreitet, auch die Dienstmädchen und die Bäuerinnen schminken sich.

Es fährt sich angenehm auf der „Chaussee" und auf den guten, neugepflasterten Straßen. Aber es läßt sich auch in der Villenstadt, aus deren zahllosen Gärten im Mai, namentlich nach Sonnenuntergang, die Riech= weide und der Faulbaum ihren berauschend starken, scharf süßlichen Duft ausströmen, recht behaglich schlendern; und man kann keine zwanzig Schritte machen, ohne an einer Kirche vorbeizukommen.

Auch in Bezug auf Kirchenreichthum steht Bukarest wohl ziemlich einzig da. Man behauptet, die Stadt zähle genau 365 Gotteshäuser, so daß also ein frommer Mann an jedem Tage im Jahre eine neue Betstätte besuchen könnte. Es darf allerdings nicht verschwiegen bleiben, daß auch die vornehmsten dieser Kirchen den rechten großartigen und weihevollen Charakter vermissen lassen. Auch die bedeutendsten sind ziemlich unansehnlich und bescheiden in den Verhältnissen, und die über= wiegende Mehrheit sind einfache Kapellen und Bethäuser.

Sie sind zum größten Theil unter Anlehnung an den byzantinischen Stil erbaut, mit mehreren in Kuppeln auslaufenden Thürmen, die das Kreuz als Krönung tragen. Ueber dem Hauptportal und an den Außenwänden sind grobe Malereien in kindischer Zeichnung und bunten Farben angebracht, mitunter auch Mosaikbilder. Die Dächer sind mit glattem Blech beschlagen das im Sonnenschein freundlich leuchtet und funkelt.

XIV.
Das rumänische Königspaar.

König Carol. — Ein Attentäter. — Empfangszimmer der Königin. — Bibliothek des Königs. — Königin Elisabeth und Carmen Sylva. — Ein Bauermädchen aus Siebenbürgen. — Zigeuner. — Musik der rumänischen und ungarischen Zigeuner.

Unter den Profanbauten Bukarests fallen einige Paläste, die zum großen Theil im Besitz der Familien der früheren Hospodare sind, durch ihre vornehme Schönheit auf. Aber auch diese sind, wie alle Baulich=keiten in Bukarest, von mäßigem Format. Das gilt auch von dem freundlichen und eleganten, aber keines=wegs imposanten königlichen Palaste. Die innere Einrichtung dagegen ist von wahrhaft fürstlicher Pracht und bekundet, wie alle Werke des Königs und der Königin, den fein geläuterten künstlerischen Geschmack des rumäni=schen Herrscherpaares.

Ich hatte die Ehre, gleich am Tage nach meiner Ankunft von Ihrer Majestät der Königin und an den folgenden Tagen sowohl von der hohen Frau, wie von

Seiner Majestät dem König zu wiederholten Malen
empfangen zu werden und stundenlang in Gesellschaft der
erlauchten Herrschaften verweilen zu dürfen. Ich gestehe,
daß ich von Befangenheit nicht frei bin, wenn ich
über diese Stunden hier sprechen soll. Wollte ich wahr=
heitsgemäß berichten, mit welcher unendlichen Güte
und Herzlichkeit das rumänische Königspaar mich auf=
genommen, wie bei ihnen das rein Menschliche die
Verschiedenheit der Geburt beseitigt, wie die Einfachheit
und Wahrheit der Empfindung den starken Abstand über=
brückt, wie man nach wenigen Augenblicken nur noch das
beruhigende Bewußtsein hat, vornehm fühlenden und
vornehm handelnden Naturen gegenüberzustehen — wollte
ich das in dankbarer Erinnerung an Alles was ich
empfangen und empfunden habe, hier so schildern, wie
ich es möchte und müßte, so würde ich dem Vorwurfe
byzantinischer Liebedienerei und höfischer Servilität kaum
entgehen, so unverdient dieser Vorwurf thatsächlich auch
wäre.

Den König Carol sah ich zuerst bei einem Park=
feste, das zu irgend einem wohlthätigen Zwecke veran=
staltet worden war. Der König ist etwas über mittel=
groß, von schlanker und zugleich männlich kräftiger
Gestalt. Das von dem Vollbart umrahmte Gesicht hat

ben edlen Schnitt der fürstlichen Hohenzollern. Das dunkelgraue sinnende Auge giebt demselben einen ernsten, nachdenklichen, nicht sorgenfreien Ausdruck. Das Haupthaar ist braun und hie und da schon vor den Jahren ergraut.

Der Eindruck des Ernsten und Pflichtgetreuen, den das Aeußere macht, wird noch verstärkt, wenn man mit dem Könige spricht. Mit freiem Blick beherrscht er einen weiten Gesichtskreis. Er ist des Wortes in ungewöhnlicher Weise mächtig. Er spricht scharf, klar, und sein Ausdruck ist immer elegant. Er spricht mit großer Freiheit, immer ruhig und besonnen, aber ohne alle ängstliche Scheu, sein Urtheil durch die Rücksicht auf seine Würde einengen zu lassen. Er weiß, daß er nichts Besonderes zu thun braucht, um diese Würde ohnehin zu wahren. Er ist unbefangen und wohlwollend in der Beurtheilung der Personen und Verhältnisse. Jedem seiner Worte hört man an, wie ernst er seinen fürstlichen Beruf auffaßt, wie er unablässig bemüht ist, das Richtige zu erfassen, das Nützliche zu thun, die Schäden zu beseitigen. Er ist von allen Verhältnissen seines Landes genau unterrichtet, und nicht durch gefällige Zurechtmachungen, sondern durch eigene Anschauung, durch Selbststudium. In Fragen der hohen Politik, der inter-

nationalen Beziehungen zeigt er eine sehr bemerkenswerthe
Schärfe der Auffassung. Er ist fest ohne Eigensinn, ein
echter Hohenzoller, der keine Furcht kennt, und der sich
aus seiner genauen Kenntniß der Verhältnisse, wie sie
sich durch die geschichtliche Entwicklung gestaltet haben,
seine bestimmten und unverrückbaren Ansichten gebildet
hat über die Aufgaben, die der Gegenwart obliegen, um
allen Anforderungen einer wahrscheinlichen Zukunft gegen=
über gerüstet dazustehen. Ein Staatsmann ohne phan=
tastische Ideen, ein sachlich nüchterner Realpolitiker und
vortrefflicher Soldat. Dabei auch ein Freund und
Förderer der Künste. Es war kein anempfundener,
künstlich aufgepfropfter Enthusiasmus, es war die echte
und wirkliche Freude am Schönen, mit der der König
mir seine Schätze, namentlich die schönen Bilder von
Greco, von Tizian und anderen alten italienischen
Meistern, zeigte. Und nur ein von lauterer Begeisterung
für die Kunst durchdrungener Fürst hat im Verein mit
der eben so kunstbegeisterten Gemahlin jenes Karpathen=
wunder hervorzaubern können, das Schloß Pelesch heißt.

Als ich den König und die Königin im Parke
Cismegiu, in dem alle möglichen Verkaufsbuden aufge=
schlagen waren, lustwandeln sah, umringt von einer
Schaar von Kindern und Neugierigen aus allen Ständen,

ohne alle militairische Begleitung, ja ohne Adjutanten,
mitten im Volke, da stellte sich in meinem Geiste neben
die ruhig männliche Erscheinung des Königs Carol
plötzlich der gewaltige Sultan. Hier der Herrscher
mitten im Gewühl, in größter Gelassenheit und Ruhe,
ohne auch nur von dem Gedanken an eine schnöde That
behelligt zu werden, dort der Großherr aller Moslem,
eingekerkert in seinem Palast, und bei der einzigen
unerläßlichen Ausfahrt der Woche von tausenden bis an
die Zähne Bewaffneten argwöhnisch bewacht. Und ich
dachte an den Vers unserer Nationalhymne, der mit
den Worten beginnt: „Nicht Roß nicht Reisige . . .“

Und eigentlich hätte König Carol doch wohl einige
Veranlassung, etwas vorsichtig zu sein. Daß er sich
auf einen Posten gestellt hat, der keineswegs gefahrlos
ist — Niemand weiß es besser als er selbst. Daß sich
in dem vom Parteihader durchwühlten, durch lange
lange Mißherrschaft zerrissenen Lande, dem er mit Auf-
opferung aller seiner Kräfte Festigung und Ruhe geben
will, auch ein durch Fanatismus, Großmannssucht oder
eine sonstige Art des Wahnsinns aufgereiztes Indivi-
duum finden kann, das unter Umständen zur Waffe des
Meuchelmörders greift und das Leben des Fürsten bedroht
— er hatte es soeben erst erfahren müssen. Seit dem

Attentat waren nur wenige Wochen vergangen. Ein Mensch, der früher Soldat gewesen, aus der Armee ausgestoßen und wegen verbrecherischer Handlungen im Zuchthause gewesen war, der sich ein halbes Jahr vor seinem Anschlage als Leibdiener beim Könige gemeldet hatte, feuerte von der Straße aus zwei wohlgezielte Schüsse durch die erleuchteten Scheiben in das Zimmer des Königs. Der König war zufälligerweise im Zimmer nebenan. Wenn der König, wie gewöhnlich um diese Zeit, an seinem Arbeitstische gesessen hätte, so wäre das Schlimmste vielleicht eingetroffen. Der König sprach mit größter Ruhe und ohne die geringste Ereiferung über diesen Vorfall, dessen trauriger Held, wie es keinem Zweifel unterliegen kann, ein Wahnsinniger ist. Der Attentäter wollte um jeden Preis berühmt werden. Er hat seinen Zweck nicht erreicht. Sein Name ist in Rumänien schon vergessen, und im Auslande erst recht.

Es existiren von diesem Menschen verschiedene Photographien, die für die Richtigkeit der Lombroso'schen These zu sprechen scheinen: daß es Menschen giebt mit einer angeborenen verbrecherischen Grundlage, die nach der Auffassung des berühmten Psychiaters nur eine Unterart jener großen Krankheit bildet, die unter dem Gesammtnamen „Wahnsinn" zusammengefaßt wird. Der

Attentäter hat sich schon ein halbes Jahr vor dem Attentat als Selbstmörder photographiren lassen. Er steht da, den Revolver auf die Brust richtend, neben ihm seine Braut, die ihm in den Arm fällt und ihm den Revolver zu entreißen sucht. Ich besitze die merkwürdige Photographie, die mir der König geschenkt hat. Ein anderes Bild zeigt den Attentäter in der kokettesten rumänischen Nationaltracht, starrend im Waffenschmuck. Der Mensch hatte eine Zuchthausstrafe wegen Mordes abzubüßen und ist, wegen guter Führung an den König empfohlen, von diesem nach einigen Jahren begnadigt worden. So hat er denn seinem Wohlthäter gedankt. Er ist durch den Spruch der Sachverständigen dem Irrenhause über= wiesen worden, in das er freilich etwas zu spät gekommen ist, das er nun aber hoffentlich nicht wieder verlassen wird.

Die Wohn= und Empfangsräume im königlichen Schlosse sind prachtvoll und zeugen von auserlesenem Geschmack. Der Raum, in dem ich die Ehre hatte, Ihrer Majestät der Königin Elisabeth zum ersten Mal gegen= überzutreten, ist ein großer, in anmuthiger Willkür ge= gliederter Saal. Er wird abgeschlossen durch ein Cabinet mit erhöhtem Podium, das im reichsten orientalischen Stil eingerichtet, mit kostbaren Stickereien, Teppichen,

niedrigen Polstern u. s. w. in behaglichster Weise aus=
gestattet ist. Daran schließt sich ein schmaler Winter=
garten mit Palmen und sonstigen großen Blattpflanzen,
der den Eingang bildet. Der Hauptraum ist der Länge
nach durch eine Querwand mit breiten Thüren verengt,
so daß sich neben diesem noch ein langgestrecktes, sehr
gemüthliches Zimmer befindet.

Auch dieser Hauptraum ist durch die verschiedene
Höhe der Podien und durch eine Galerie, zu der eine
Treppe von der Erhöhung hinaufführt, in seiner Mono=
tonie in erfreulichster Weise unterbrochen. Hier stehen
in der Mitte zwei gute Flügel und an der Wand eine
schöne Orgel, daneben die Nürnberger Madonna in Holz.
An der Hauptwand befindet sich neben sehr schönen
Bildern von Rubens, van Eykens, Rosso Rossi, Dominico
Veneziano, Pereida 2c. ein Meisterwerk von Rembrandt,
Esther und Ahasver darstellend. Ueberall, wo irgend
Platz ist, und auch da, wo erst Platz hat geschaffen werden
müssen, sind Kunstwerke angebracht, unter Anderm eine
sehr schöne Reproduction des Moses von Michel Angelo.
Die herrlichsten Stickereien und Teppiche bedecken den
Boden und alle Geräthe, und das Ganze macht in seiner
heitern Grundfarbe und in seiner launigen und doch so
fein abgestimmten Buntheit, in seiner zwar etwas krausen,

16*

aber dabei doch so ruhigen Anordnung mit all diesen
auserlesenen Kunstschätzen und der scharfsinnigen Vertheilung des Raums, die allerorten lauschige Schmollwinkel
und reizende Plauderplätzchen geschaffen hat, einen ebenso
reichen wie liebenswürdig anmuthenden Eindruck. Der
ganze Complex von Zimmern wird durch Oberlicht erhellt.

Hervorragende Menschen wissen ihrer Umgebung
meist etwas von ihrem eigenen Wesen, den Abglanz
ihrer Individualität zu verleihen. Man empfängt einen
ganz sonderbaren Eindruck, wenn man aus den eigenartigen Zimmern der Königin, aus dieser buntschillernden
Verschwisterung von gewagten Farben und fremdartigen
Linien, aus dieser reizvollen Zusammenwürfelung von
Gegenständen, die ursprünglich nicht zusammengehören, die
in weit auseinanderliegenden Zeiten und Räumen entstanden sind, hier aber zu einem heitern und harmonischen
Ganzen zusammenfließen — wenn man aus diesen Gemächern einer für die Schönheit begeisterten hohen Frau
in die nicht minder individuellen Zimmer ihres königlichen Gemahls, etwa zuerst in seine Bibliothek, tritt.

Da ist vor der strengen markigen Stilisirung alles
Spielende und gefällig Willkürliche verschwunden. In
dem ganzen großen Raume (es war der frühere Thron-
saal) herrscht eine so einfach consequente Anordnung

der architektonischen und decorativen Elemente — Alles
getaucht in die ruhig dunkle Farbe des Eichenholzes,
das überall wiederkehrt: in der Täfelung der Wände,
in der reichgeschnitzten Treppe, die zur Galerie hinan=
führt, in der Balustrade dieser Galerie, in den weit
vorspringenden Bücherschränken selbst und an der Decke —,
daß man zuerst kaum wagt, auch nach den Einzelheiten
sich umzusehen, um noch etwas mehr als nur jenen
sachlich strengen, großen Gesammteindruck mit hinwegzu=
nehmen. Und doch, wie wunderbar ist dieses Einzelne!
Wie vortrefflich hat es der Meister der Schnitzkunst ver=
standen, bei der überall gewahrten Energie und Groß=
linigkeit des Ganzen doch liebevoll und discret zu sein,
auf das Kleinste und Zarteste einzugehen, ohne nur ein
einziges Mal durch das aufbringliche Heraustreten einer
solchen Einzelheit das Auge des Beschauers zu verwirren!
In dieser ernsten, fast möchte man sagen: feierlich
düstern Umgebung pflegt der König mit seinen Rathgebern
zu arbeiten. Es ist nichts Ablenkendes und Zerstreuendes
in diesem Raume. Selbst die grelle rumänische Sonne
muß ihr Licht gedämpft und abgetönt durch die matt=
gefärbten Scheiben ergießen, und von dem Rasseln und
Lärmen der lauten Siegesstraße da unten bringt kaum
ein dumpfes Rollen in diese arbeitsame Stille . . .

Die Königin ist eine wahrhaft fürstliche Erscheinung. Die hohe Gestalt ist von klassischem Ebenmaß in den Verhältnissen, ruhig, sicher und elegant in den Bewegungen. Der edelgeschnittene Kopf mit der hohen Stirn, die von üppigen, schon vorzeitig von Silbersträhnen durchzogenen Haaren umrahmt ist, mit der feingeschwungenen Nase und jenen „schön gereimten Lippen," die man, wie Heine sagt, nur bei Dichtern findet, erhält namentlich durch die blauen glänzenden Augen, die mit wahrer Kindlichkeit um sich blicken, den charakteristischen Ausdruck von Güte und Klugheit. Eine sorgende Falte, die sich in die Stirn eingegraben hat, giebt dem Gesichte aber zugleich auch etwas schwermüthig Trauriges, Duldendes. Die deutsche Fürstentochter, die, wie ihr königlicher Gemahl, ihre Aufgabe als Fürstin auf dem Thron Rumäniens sehr ernst nimmt, hält sich von allen Staatsangelegenheiten grundsätzlich vollkommen fern. Sie sucht ihre Aufgabe nur in der Linderung der Noth und des Elends, in den Werken der Barmherzigkeit und in der Förderung alles dessen, das national schön und erhaltenswerth ist. An den Werken der rumänischen Kunst und Literatur nimmt sie das regste und förbersamste Interesse. Sie sammelt die eigenartigen Volksgesänge und sucht durch ihr Beispiel dahin zu wirken, daß die außergewöhnlich malerische, farbenprächtige, schöne rumänische Nationaltracht, die sich eigentlich nur noch auf dem platten Lande erhalten hat, in der Großstadt aber durch die fränkische Mode völlig verdrängt ist, erhalten bleibe und auch in den Kreisen der Bevorzugten wieder zu Ehren komme.

Die Königin besitzt eine durchaus ideal angelegte Natur. Sie ist völlig wahr und begreift daher auch nicht, daß man lügen könne. Wenn sie auch mitunter schmerzliche Erfahrungen hat machen müssen, so ist ihr Vertrauen zu den Menschen darum doch unerschüttert geblieben. Sie liebt das Gute und glaubt daran. Sie ist eine einfache gerade Natur, rastlos fleißig, und hat an ihren Erfolgen als Dichterin aufrichtige Freude. Sie besitzt die wärmste Empfänglichkeit für alles Schöne, eine unglaubliche Leichtigkeit in der Gestaltung, eine rege und erstaunlich fruchtbare Phantasie.

Ueber ihre schriftstellerische Befähigung, die sie als Carmen Sylva in den zahlreichen Dichtungen und in Gemeinschaft mit Frau Mite Kremniß in den bekannten Erzählungen und Romanen von „Dito und Idem“ („Aus zwei Welten“, „Astra“ u. s. w.) mit vollstem Gelingen bethätigt hat, steht das öffentliche Urtheil fest. Das Hauptwerk Carmen Sylvas, die

Frucht von mehr als zwanzig arbeitsreichen Jahren, ist eine Sammlung von etwa vierhundert lyrischen Gedichten, die sie unter dem Titel „Meine Ruh" veröffentlicht hat.

Dieser Titel „Meine Ruh" entspringt nicht nur der pietätvollen und sehnsüchtigen Erinnerung der Königin an ihre herrliche Heimat, an den rauschenden Rhein, wo in dem Grün der schlanken Buchen das anmuthige Jagdschloß Monrepos liegt, das der Lieblingsaufenthalt der jugendlichen Prinzessin von Wied gewesen war. „Meine Ruh" offenbart den Lesern mehr als irgend ein anderes Werk der hohen Frau, wie die Poesie ihr der liebreiche und tröstende Zufluchtsort vor allem Kummer und allen Täuschungen stets gewesen ist und noch ist. Ihre ganze Lebensfreude, ihr tiefster Schmerz, ihr scharfer Spott, Alles, was ihre Seele freudig und schmerzlich berührt hat, Mutterglück und Mutterleid, die begeisterte und tiefe Liebe zur Natur, namentlich zum deutschen Walde, aber auch die bittere Verachtung und die beißende Verhöhnung all des Niedrigen und Gemeinen, das eine Königin vielleicht noch mehr als andere Sterbliche zu schauen und zu ertragen gezwungen ist — mit einem Worte: ihr ganzes Wesen hat hier seinen beredtesten Ausdruck gefunden; und echter und wahrer, als alle biographischen Mittheilungen künden uns diese drei Bände Lieder und Satiren, wie Carmen Sylva ward, was sie liebte und litt, was sie wirkte und schaffte.

Die Königin besitzt aber auch neben ihrer allbekannten dichterischen Begabung großes Talent zum Zeichnen und Malen. Sie hat für die schönste byzantinische Kirche Rumäniens — und vielleicht der Welt —, für Curtea de Argesch, ein rumänisches Gebetbuch in reichster Ornamentik, im Geschmacke des byzantinischen Mittelalters gemalt, das von Sachkennern als ein wahres Meisterwerk gerühmt wird, und dessen Schönheit auch der Laie rückhaltlos bewundert. Auch für die Musik ist die von der Natur verschwenderisch ausgestattete Fürstin in hohem Grade veranlagt.

Während meines Aufenthaltes in Bukarest wurde die Königin von einem jungen, ernsten und sehr begabten englischen Bildhauer, H. H. Kitson, modellirt. Zu diesen Sitzungen war ich gewöhnlich eingeladen, und wir unterhielten uns täglich stundenlang über alles Mögliche, namentlich über künstlerische und literarische Verhältnisse und Persönlichkeiten.

Bei einer dieser Sitzungen ereignete sich nun eine wirklich rührende Scene. Eine bildhübsche und blutjunge rumänische Bäuerin aus Siebenbürgen hatte den weiten Weg von ihrer Heimat bis zur Hauptstadt Rumäniens zurückgelegt, nur um die Königin und den König zu sehen. Die Königin ließ das Mädchen, das seine kleidsamste und reichste Nationaltracht angelegt hatte, in das kleine zum Atelier hergerichtete Zimmer eintreten.

Das Mädchen blieb wie gebannt auf der Schwelle stehen. Und in der That, so, genau so hatte sich in der Phantasie der Bäuerin die Vorstellung von einer richtigen Königin bilden müssen. Die Königin saß dem Künstler in großer Balltoilette. Sie trug ein tiefgelbes, goldfunkelndes Atlaskleid mit langer Schleppe und auf dem Haupte ein herrliches Diadem von selten schönen Opalen und Diamanten. Die reizende Bäuerin glaubte unzweifelhaft, daß die Herrscherin Rumäniens beständig in dieser Tracht dahergehe. So mußte es sein und anders konnte es nicht sein! Ja, das war eine rechte und echte Königin!

Als die Fürstin dem Mädchen freundlichen Willkomm geboten und ihr die Hand entgegengestreckt hatte, trat die Bäuerin heran, verneigte sich sehr tief und küßte die Hand mit einer Grazie und einem Anstande, um die sie manche Hofdame hätte beneiden dürfen. Nun wurde das Kind vom Lande auch ganz unbefangen, wenngleich sie ihre bescheidene Haltung nicht einen Augenblick aufgab. Auf die Fragen der Königin erzählte sie mit schlichter Anmuth, was sie nach der Hauptstadt Rumäniens geführt habe. Sie überreichte der Fürstin ein hübsches Geschenk, eine kunstvolle, von ihr selbst gefertigte Stickerei, und sagte, daß sie um die Gnade bitten möchte, immer bei · Ihrer Majestät bleiben zu dürfen; ein kleines Zimmerchen werde sich in dem großen Schlosse schon finden, und sie brauche nicht viel Platz; sie möchte eben nur die Ehre haben, in der Nähe der Königin bleiben zu dürfen.

Die Königin machte das hübsche Kind lächelnd darauf aufmerksam, daß sich das doch nicht so ohne Weiteres machen lasse; wenn aber irgend eine Stelle frei werde, so werde sie sich des jungen Mädchens gern erinnern. Man sah es der Königin an, daß ihr diese Worte sehr ernst gemeint waren; denn der liebliche Aus= druck des frischen runden Gesichtes, die Artigkeit ihres Auftretens, die freundliche Naivetät ihres ganzen Wesens machten auf die Fürstin offenbar einen sehr angenehmen Eindruck. Da aber antwortete die Bäuerin: Ihre Majestät habe sie mißverstanden; sie sei nicht nach Bukarest gekommen, um eine Stelle zu suchen. „In unserer Familie dient man nicht," sagte sie mit ruhigem Stolz. Sie wollte eben nur in der Nähe der Königin bleiben, nichts weiter! Die Königin konnte nur wieder=

holen, daß die Gewährung dieser Bitte doch nicht ganz
so einfach sei, wie es das gute Mädchen sich vorzustellen
scheine. Die andere Bitte der Bäuerin aber, den König
von Angesicht zu Angesicht zu sehen, wurde ihr bereit=
willig gewährt, obwohl der Fürst gerade in jenen Tagen
ungemein beschäftigt und schwer zugänglich war.

Bei jenem Parkfeste in Cismegiu, das von den
Majestäten und allen Vertretern der vornehmen Gesellschaft
von Bukarest besucht wurde, spielten außer verschiedenen
regelrechten Kapellen auch rumänische Zigeunerbanden.

Ich muß sagen: diese Zigeunermusik, von der man
behauptet, es sei die ursprünglichste und allerechteste,
diejenige, die von der Cultur am meisten verschont ge=
blieben sei — mir will sie gar nicht behagen! Da mag
denn meinetwegen lieber die Alles beleckende Cultur ein
bischen mitmachen und die Ursprünglichkeit schädigen,
wenn sie jenen einzigen Charakter, jene seltsam ergreifende
Klangfarbe hervorzubringen vermag, wie sie den unga=
rischen Zigeunerkapellen zu eigen ist. Hier aber war
nichts wahrzunehmen von jenem wundersam wehmüthigen
Schluchzen, Wimmern und sinnlichen Aufjauchzen, das
die ungarischen Zigeuner ihren Geigen und Cymbeln zu
entlocken wissen; und mit schmerzlichem Bedauern ge=
dachte ich der fiedelnden braunen Jungen, die ich in

Pest gehört hatte, und die ich zu meiner größten
Freude in Schmecks oder Tatra=Füred, wie es jetzt heißt,
wiedertreffen sollte — der echten, der wahren, der
alleinigen Zigeuner, — ja, der echten, wenn sie meinet=
wegen auch historisch nicht so echt sind wie die Rumänen,
der unvergleichlichen Czardasspieler aus Kaschau, mit ihrem
eleganten Primas Racz Gyula an der Spitze. Das waren
die wahren Naturkünstler! Eljen! Und im Vergleich zu
diesen Ungarn waren die rumänischen Zigeuner, die
man, glaube ich, auch Lautari nennt, elende Stümper!

Hier hörte ich nur ein entsetzliches Gefiedel, tarantellen=
artige Tänze von ermüdender Monotonie, ein unerfreu=
liches Gedudel, begleitet von den schrillen Tönen der
Rohrpfeife, wie wir sie nur noch an den Statuen des
Pan erblicken — eines Marterinstruments, auf dessen
Löchern die Lippe des braunen Jammermannes krampf=
haft hin= und herrutscht —, und von den dumpfen Schlägen
einer erbärmlich kleinen, vor den Leib gebundenen trag=
baren Cymbel, die hier blos häßlich und thöricht klingt.

Franz Liszt behauptet in seinem Buche über Zigeuner=
musik, daß die Czardas und Volkslieder, die die
ungarischen Zigeuner aufspielen, nicht magyarischer Her=
kunft, sondern wirklich aus dem Zigeunerstamm heraus=
gewachsen seien. Ich will gegenüber einem so hervor=

ragenden Meister der Tonkunst, der über dieses Thema sicherlich eingehende Studien gemacht hat, natürlich keine widersprechende Bemerkung wagen; aber die Behauptung Liszts setzt mich doch einigermaßen in Erstaunen. Woher kommt es denn, daß die singenden Zigeuner Rußlands in ihren Gesängen starke Anklänge an die slawische Musik haben? daß ihre Lieder mit denen der ungarischen Zigeuner nicht die geringste Verwandtschaft aufweisen? Und woher kommt es, daß wiederum die rumänischen Zigeuner eine ganz besondere Musik für sich haben, die weder mit der russischen, noch mit der magyarischen Zigeunermusik gemeinsame Züge aufweist? Weshalb haben denn die spanischen Zigeuner überhaupt keine Musik? Ich glaube, daß die Zigeunermusik doch sehr stark von der Nationalität, innerhalb deren die Zigeuner leben, beeinflußt wird. Ungarische Zigeunermusik, das heißt, die charakteristischste, merkwürdigste und packendste, spielen nur die aus Ungarn stammenden Zigeuner auf. Und ich glaube, Johannes Brahms hat Recht gehabt, daß er die von ihm in Ungarn gesammelten Zigeunerweisen unter dem Namen „Ungarische Tänze“ herausgegeben hat.

In Rumänien sind übrigens die Zigeuner die Maurer und Zimmerleute des Landes. Die Rumänen arbeiten nicht sehr gern, wie man sagt.

XV.
Sinaja und Schloß Pelesch.

Die früheren Minister. — Sinaja. — Das Kloster. — Das
Karpathenschloß Pelesch. — Schwierigkeiten beim Bau. — Die
innere Einrichtung.

Bei der Kürze meines Aufenthalts im Lande werde
ich nicht so geschmacklos sein, mir ein Urtheil über die
nationalen Eigenthümlichkeiten zu erlauben. Ich könnte
übrigens den Rumänen nur das Beste nachsagen, denn
ich bin in Bukarest vom Glück in ungewöhnlicher Weise
bevorzugt worden und habe direct, oder indirect durch
die mir befreundete ungemein liebenswürdige Familie
des Dr. Kremnitz und seiner Frau, der Schriftstellerin
Mite Kremnitz, nur tüchtige und ausgezeichnete Männer
kennen gelernt: den überaus freundlichen und gefälligen
Cantacuzène, den hervorragenden Uebersetzer der
Schopenhauer'schen philosophischen Werke in's Französische;
den damaligen Ministerpräsidenten Rosetti, der, wie
seine früheren Collegen im Ministerium, deren persön=
liche Bekanntschaft ich ebenfalls gemacht habe, der

Minister des Aeußern, Carp, und der Cultusminister
Maïoresco, eine gediegene deutsche Bildung besitzt.
Die drei genannten Minister haben lange Jahre auf
deutschen Universitäten studirt. Carp war activer Corps-
bursche in Bonn bei den Preußen, also unter Anderm
auch ein Corpsbruder unseres jetzigen Staatssecretärs
der Auswärtigen Angelegenheiten, des Grafen Herbert
Bismarck. Rosetti, Carp und Maïoresco beherrschen
die deutsche Sprache vollkommen. Der Cultusminister
Maïoresco spricht sogar ein auffällig elegantes Deutsch,
mit subtilster Unterscheidung der verwandten sprachlichen
Begriffe. Er hat auch eine philosophische Abhandlung in
deutscher Sprache erscheinen lassen.

Es war mir gegönnt, mit meinem lieben Freunde
Dr. Kremnitz das herrliche königliche Lustschloß in
Sinaja und mit dem Cultusminister Maïoresco und
dessen Gesellschaft das neuerstandene Wunder der byzantinischen Baukunst, die Kirche von Argesch, zu besuchen.

Die Rumänen sind ein behendes Volk und in
Bezug auf Locomotion viel weniger schwerfällig als
wir. Ausflüge nach Punkten wie den eben genannten
erscheinen ihnen als etwas ganz Selbstverständliches.
Und doch ist der nach Sinaja, der insgesammt für hin
und zurück eine Eisenbahnfahrt von neun Stunden ver-

anlaßt, nicht ohne Anstrengung in einem Tage zu be=
wältigen. Der nach Curtea de Argesch erfordert zwei
volle Tage.

Der Weg nach Sinaja ist zunächst ziemlich lang=
weilig. Mit überraschender Unmittelbarkeit sind wir auf
einmal mitten in den Karpathen. Der Uebergang ist
verblüffend jäh. Wir durchsausen eine bergige Strecke
von Schiefer, Geröll, mit kahlen Felsen, zwischen die sich
ab und zu dichtbestandene anmuthige Berge in sanften
Umrißlinien einkeilen. Da sehen wir denn das frische
Grün des Laubholzes und das dunkle der Nadeln,
namentlich mächtige Edeltannen. Die Bahn, die dem
Laufe des Flusses folgt, hat viele Hindernisse mit Brücken
und Tunnels zu überwinden.

Sinaja, das dem jetzigen Königspaare sein mächtiges
Aufblühen verdankt, ist in herrlicher Lage eingebettet
zwischen hohe Berge, deren Gipfel noch mit Schnee
bedeckt sind. Von wundervoller Wirkung ist namentlich
ein Höhenzug in bizarr zerrissenen Linien, der in dem
schönen malerischen Caraiman=Felsen mit seinem smaragd=
grünen Matten, die wie ein Polster in das Grau des
Steines eingefügt sind, großartig abschließt. In diesem
weiten Kessel sind nun in sehr kurzer Zeit eine Anzahl
freundlicher Villen in meist geschmackvoller, wenn auch

keineswegs stilgerechter Bauart, mit allen möglichen
Thürmen und Thürmchen, mit Zinnen und Zacken, in=
mitten hübscher Gartenanlagen erstanden. Aus diesen
ragen einige größere Bauten auf, Hotels, Bade=
anstalten u. s. w. Alles macht den Eindruck des eben
Fertiggewordenen, Neuen. Auf das Lebhafteste erinnerte
mich der Blick auf Sinaja an die frisch erstandenen
Städte des amerikanischen Westens und ganz besonders
an das Luxusbad Las Vegas in Neu=Mexico. Und auch
hier weht dieselbe herbe, auffrischende starke Luft, auch
hier erfreut sich das Auge an demselben saftigen Grün,
und Alles, was Menschenhand gemacht hat, ist auch hier
so neu und frischbacken wie drüben im Westen.

Doch nicht Alles! Hier im Karpathenkessel sind
doch Wahrzeichen einer alten Cultur vorhanden.

Da steht im schönsten Punkte der Landschaft das
alte Kloster, das von seiner Höhe herab das weltliche
Treiben der fröhlichen Sommerfrischler beherrscht. Um
die klösterliche Strenge der Mönche und Nonnen soll es
übrigens nicht gar so schlimm bestellt sein. Man er=
zählt sich über das recht weltliche Treiben der braven
Klosterleute hier allerlei Wundergeschichten, die ich nicht
wiederholen mag, weil ich sie eben auf ihre Glaubwürdig=
keit nicht habe prüfen können. Aber es scheint: ein

freies Leben führen sie! In einem Tingel = Tangel
niedrigster Gattung, das ich eines schönen Abends, als
ich nichts Besseres zu thun hatte, besuchte, fand ich unter
den Zuhörern oder besser: Zuschauern — es war
eigentlich mehr zu schauen als zu hören — auch einen
ehrwürdigen Geistlichen der orthodoxen Kirche, der
seine langen Haare — die griechisch=katholischen Geist=
lichen dürfen das Haupthaar nicht scheeren — in einen
Zopf geflochten und unter dem Kragen geborgen hatte.
Mein Begleiter wunderte sich darüber, daß ich mich
darüber wunderte, den geistlichen Herrn in dieser
schnöden Weltlichkeit anzutreffen. Er fand das ganz
selbstverständlich.

Das Kloster da oben, das wir besichtigten, macht
einen ganz heitern Eindruck. In der kleinen Kloster=
kirche, auf deren getünchten Wänden sich allerlei steif=
beinige Heilige und widerwärtige Fratzen, die vielleicht
sehr charakteristisch sind, aber unendlich häßlich aus=
schauen, herumtreiben, und die Gottlob verwittern, riecht
es sehr stark nach Knoblauch, und in der Zelle, in der
der ehrwürdige Mönch, der uns herumführt, haust, riecht
es noch viel schlimmer. Es ist kaum zum Aushalten.
Aber der Blick von dieser Kapelle auf die Villenstadt
und die Höhenzüge ist entzückend.

Bis jetzt läßt indessen noch nichts ahnen, welches Wunder sich in der nächsten Nähe unseren Blicken dar= bieten soll.

Auf schattigem Wege fahren wir kaum eine knappe Viertelstunde, durch Buchen, Kastanien und Tannen, als plötzlich wie durch einen Zauber ein herrliches Schloß, ein wahres Märchenschloß, vor uns wie aus der Ver= senkung aufsteigt. Ganz abgeschlossen vom Treiben des Modebades, in einem schmalen Seitenthale, das der lustige Pelesch fröhlich durchplätschert, über Kiesel rauschend und hüpfend und sich nur eine kurze Rast gönnend, um dann in munterm Fall thalwärts weiterzuspringen — da, wie ein Kleinod in grünen Sammet eingeschachtelt, liegt es da, das unvergleichlich schöne Schloß! Eine Verwirklichung der phantastischen Künstlerträume eines Gustav Doré!

Ja, ein Märchen! Die Schöpfung eines Fürsten und einer Dichterin!

Freilich hat die Natur eine köstliche Vereinigung des Gewaltigen und Anmuthigen hier geschaffen. Aber so herrlich und gar so gütig, wie sie uns jetzt hier erscheint, ist sie von vornherein doch nicht gewesen. Man hat ihr etwas nachhelfen müssen. Der Wald, der früher bis an den Fluß hinabkletterte, hat zurückweichen und für den Bau Raum geben müssen. Und nicht in so lieblicher Senkung wie jetzt strebte die Höhe vor dem Schlosse dem Thale zu. Man hat thatsächlich Berge verpflanzt, das eine Ufer geebnet, da Höhen abgetragen und auf dem andern, wo sich das neue Schloß erheben sollte, eine Höhe aufgethürmt. Die Schwierigkeiten bei dieser Gestaltung des widerspänstigen Bodens waren unglaubliche. Mitten in die halbfertigen Arbeiten der Grundlegung sprudelten auf einmal Quellen hinein, die Alles, was mühevoll geschaffen war, wieder zu Schanden machten, und die erst abgeleitet werden mußten. Millionen sind verschlungen worden, ehe ein fester Untergrund für den Bau hergestellt werden konnte!

Dann galt es, die Erde, die zunächst eben nur ein unerfreulicher Sandhügel war, zu beleben. Da wurden weiche Rasen gelegt, Blumen gepflanzt, da wurde Gras gesät; und nun grünt und blüht Alles ringsumher: inmitten des saftig grünen Grases der Löwenzahn und all die lieblichen bunten Blumen, die blauen und gelben, die sich in Freiheit und Unbändigkeit im Grün so wohl fühlen.

So liegt denn das Schloß im Thal versteckt auf einer sanften, dichtbewachsenen grünen Anhöhe, im Rücken gedeckt vom uralten Wald mit den gesundesten, kräftigsten

Bäumen, rings eingeschlossen von mächtigen Bergen, als
deren stärkste steinerne Wacht jener schön zerklüftete
Felsenkamm dasteht, der in dem trotzigen Caraiman
endigt. So liegt das Schloß da, bespült vom Pelesch,
dessen Fall stark genug ist, um einen hohen Spring=
brunnen vor dem Schlosse aufzujagen und die Maschinen
zur elektrischen Beleuchtung zu treiben.

Das Schloß, im Stile der deutschen Burgen,
wirkt in der frohen Willkür seiner Gliederung und An=
ordnung, mit den viereckigen und runden Thürmen, den
Giebeln, Erkern und Galerien, ungemein malerisch.
Aber von geradezu verblüffender Schönheit und Pracht
ist die innere Einrichtung. Jede Einzelheit ist ein
Meisterwerk in ihrer Art. Von vollendeter künst=
lerischer Meisterschaft sind vor Allem die Holzschnitze=
reien, die von einem vorzüglichen Künstler, M. Stöhr,
herrühren, den der König eigens aus Deutschland berufen
hat. Die Thüren und Fenster, die Glasmalereien, die
Decken und Wände, die Möbel und all die tausend
Ueberflüssigkeiten, die in geschmackvollster Anordnung zum
Ausschmuck angebracht sind; dazu die herrlichen Kunst=
werke, die meisterlichen Gemälde der Alten, die Ge=
räthschaften, Gläser, Becher und Krüge, theils aus
Edelmetall getrieben, theils in Elfenbein und Holz

geschnitzt, theils aus gebranntem Thon, Majolika und
Terracotta geformt — alles das, all dieser seltsam
schöne Wirrwarr von Wundern der Kunst ist geradezu
berauschend in seiner Wirkung.

Einzelne Räume sind in dem einheitlichen Stile
der Zeit oder des Landes, Anderes ist wieder ohne alle
andere Rücksicht als auf die schöne Wirkung lustig aus
alten und jungen Tagen und von nah und fern zu=
sammengestellt, anscheinend rein zufällig hingeworfen.
Aber ein wie feiner ästhetischer Sinn hat hier ordnend
gewaltet!

Und dazu diese wahrhaft fürstliche Pracht! Es
ist Alles aus dem Vollsten gegriffen und doch als oberstes
Gebot die Behaglichkeit, die ruhige Vornehmheit, die Ver=
meidung alles Protzen= und Prunkhaften aufgestellt. Man
fühlt sich in diesen Räumen wie gebannt. Und forscht
man nach der Ursache dieser überwältigenden Wirkung,
so ist es gerade das Wohnliche, das Gemüthliche, das
Trauliche. Man sieht, Alles das ist herausgewachsen
aus der innersten und wahrsten Freude am eigenen Heim.
Es ist nicht da, um Anderen gezeigt es ist da, um be=
wohnt zu werden. Nicht ein Schaustück für Fremde,
ein freudiges Eigenthum der Insassen. Es ist ganz
individuell.

Das gilt sowohl von den Gemächern des Königs, die auch in diesem Buen retiro strenger im Charakter der Arbeit angelegt sind, als von den Zimmern der Königin, die hier ein wenig ungestörter als in der Residenz ihrer Lieblingsneigung, dem Schönen schöpferisch zu dienen, nachgehen darf. Sie hat sich hier ein wunderbares Dichterheim geschaffen, zugleich Musiksaal und Malerwerkstatt. Da stehen Instrumente aller Art: der Flügel, die Orgel, die Harfe, die Cither, die Mandoline und sonstige Saiteninstrumente. Da steht auch in gutem Lichte die Staffelei, daneben auf dem Tischchen der Malkasten; und in einer Nische der kleine anspruchslose Tisch mit Schreibzeug, an dem Carmen Sylva dichtet.

Alles, Alles ist gleichermaßen schön und erfreulich in Form und Farbe. Wohin das Auge blickt, überall streift es das Reizendste und Lieblichste, was Menschenhand schaffen kann. Und schweift der Blick durch das Fenster, durch diese mächtige Oeffnung, deren bunte Flügel weit offen stehen — und das ganze Fenster wirkt, als ob es geöffnet sei, denn die große Spiegelscheibe, die außer den bemalten Flügeln die Fensteröffnung schließt, ist völlig unerkenntlich; man bemerkt sie erst, wenn man den Versuch macht, den Kopf hinauszustecken, und dann plötzlich auf den durchsichtigen Widerstand stößt —, blickt man hinüber in's Freie, dann sieht man noch Schöneres, als das gelungenste Menschenwerk; man sieht das Schönste, was die Natur schaffen kann: Wald und Berg, den blauen Himmel da oben und den lustig schäumenden Fluß im Thal.

Ich will hier nicht als Fremdenführer alle Gemächer durchwandern und auf dies und das aufmerksam machen. Ich mag mich nicht loslösen von dem Eindruck des Gesammten. Und wo war es am schönsten? Unten in den Prachträumen oder oben in den Gastzimmern oder auf der Galerie des Thurmes? Ich weiß es nicht. Aber ich hatte die Empfindung: hier läßt sich ruhen und träumen, hier läßt sich denken und planen, hier läßt sich schaffen und dichten.

XVI.
Curtea de Argesch.

Unsere Reisegesellschaft. — Der Weg nach Argesch. — Die Bischofskirche. — Der Stifter Woiwode Neagoe. — Das Baptisterion. — Das Aeußere der Kirche. — Die gewundenen Thürme. — Das Innere: Vorhalle, Mittelschiff, zweiter Haupttheil, Sanctuarium. — Die Bilder des Königs und der Königin. — Der Bischof Ghenadios. — Der bischöfliche Schatz. — Heimkehr. — Russische Propaganda. — Die Trachten der Bauern.

Mit nicht geringer Freude denke ich zurück an unsern Ausflug nach Curtea de Argesch.

Unsere kleine Gesellschaft bestand aus dem Cultusminister Maïoresco und dessen Damen, seiner Frau und Schwägerin, dem französischen Architekten Lecomte-du-Nouÿ, der die Bischofskirche von Argesch von Grund auf restaurirt hat, dem Abgeordneten Djuvara, einem jungen, sehr begabten und beredten Politiker, und mir.

Man braucht, um von Bukarest nach Curtea de Argesch zu kommen, gute acht Stunden: drei Stunden Bahn bis Pitesti, dort rastet man etwa anderthalb

Stunden und fährt dann vier Stunden im Wagen durch
eine liebliche, wenn auch nicht gerade großartige Landschaft.

Es ist ein Vergnügen, in Rumänien zu fahren, ich
muß es noch einmal sagen. Die vier Pferde, die vor
unsern Wagen gespannt sind, laufen wie der Satan. Auf
unserm Wege begegnen wir zahlreichen Bauern, die noch
sammt und sonders die kokette, theatralisch kleidsam,
Nationaltracht, gewöhnlich weißer Grundstoff mit schwarzene
rothen und blauen Stickereien, tragen — fast durchweg
ernste Männer mit sorgenvollen Augen. Alle zeigen
eine genmessen ehrerbietige Haltung, alle sind höflich und
grüßen. Auch Zigeunertrupps ziehen an uns vorüber.
Das Wetter ist herrlich. Es staubt nur wenig. Von
Zeit zu Zeit fällt ein bischen Regen herab, gerade genug, um das grüne Land aufzufrischen und den sandigen
Weg zu besprengen. Im Hintergrunde zeigen sich die
schönen Linien der Karpathen. Es geht bergauf. Die
Pferde laufen im scharfen Galopp, angefeuert durch den
Kutscher, der seine Peitsche von unendlicher Länge von
Zeit zu Zeit aufhebt und etwa wie Theodor Wachtel
als Postillon von Lonjumeau mit einer etwas affectirt
graziösen Handbewegung schwingt, jedoch ohne zu knallen
und ohne den Rücken der Pferde auch nur zu berühren.

Aber die Thiere haben offenbar Augen auf dem Rücken; deu sobald der Kutscher die Peitschenschnur in der Luft tanzen läßt, ziehen sie schärfer an.

Allmählich schließt sich um uns der Kreis der Berge. Wir sind in einem großen weiten Thale, das nun ringsum von Bergen in großer Peripherie umgrenzt ist. Die Chaussee ist auf der ganzen langen Strecke vorzüglich gehalten. Wir gelangen nun endlich an unser Ziel: das Landstädtchen Argesch, das mit seinen artigen Bewohnern, die allesammt respectvoll den Hut lüften, als wir vorüberfahren, einen recht freundlichen Eindruck macht. Wir fahren eine Strecke weiter, und da vor der Stadt liegt das Wunder vor uns . . .

Es wirkt gleich auf den ersten Blick entzückend. In dieser Weltabgeschiedenheit, in dieser freundlich stillen Natur, in dieser weiten grünen Ebene, ganz umrahmt von hohen Bergen, die in allen Farben schillern, liegt die Kirche da — ein wahres Juwel, nicht übertrieben groß, keineswegs gebieterisch und imposant, aber viel= leicht das lieblichste Haus, das dem Dienste des Höchsten überhaupt in der Christenwelt errichtet ist. Es sieht aus wie die zarte Arbeit eines Goldschmieds. Es schillert in grüner und blauer Farbe und glitzert goldig. Der

Ausschmuck ist von großartigem Reichthum und dabei
doch in der Wirkung von vornehmer Discretion.

Die mäßigen Verhältnisse des Baues sind erklärlich
aus seiner ursprünglichen Bestimmung. Als Votivkirche
war er angelegt und ausgeführt. Ein walachischer Fürst,
der Woiwode Neagoe, wie er auf den Inschriften heißt,
Nogoje, Nyagon oder Nyagor, wie er auch sonst ge=
nannt und geschrieben wird, der von 1511 bis 1520
regierte, ein gar gottesfürchtiger und frommer Herr —
was allerdings nicht verhinderte, daß es unter seiner
Herrschaft zu einigen gelinden Morden kam, an denen
er selbst vielleicht nicht ganz unbetheiligt war —, fühlte
ob seiner Verworfenheit Gewissensqualen und wollte sich
mit seinem Gott abfinden. In der Erkenntniß seiner
schweren Missethaten, die freilich weder seine Zeitgenossen
noch seine Nachkommen davon abgehalten haben, den
energischen Fürsten als den edelsten und gläubigsten
christlichen Herrn zu preisen und ihm ob seiner Weis=
heit den Beinamen des walachischen Salomo beizulegen,
klagte sich Neagoe an, daß er ein Sünder sei, wie es
einen größeren in der Christenheit vom Aufgang bis
zum Untergang der Sonne nicht gebe, daß er gearbeitet
habe, mit vieler Mühe und Schweiß und Hunger und
Durst und Schmach und Schande und Scheltwort, daß

er ein veröbeter Weinberg, ein unfruchtbarer Feigen-
baum, ein in der Wüste umherirrendes Schaaf sei. Um
nun die reinste Mutter Gottes zu versöhnen, errichtete
er dies Bethaus und bat sie um gütige Fürsprache bei
dem Sohn, auf das dieser am Tage des Gerichts ihm,
dem verworfenen Sünder, ein milder Richter sei,
und daß auch er, der sündige Knecht, der Woiwode
Johann Neagoe, in Gnaden eingehe zur ewigen Seligkeit. Also nicht für eine große Gemeinde ist dies
Haus gebaut, es sollte nur als Grabstätte dienen
für den frommen, bußfertigen Woiwoden und dessen
Gemahlin und ein Bethaus sein für den Fürsten und
die dem Fürsten Nächststehenden. Zur Zeit der Regierung dieses Herrn kamen aus Konstantinopel geflüchtete
Künstler durch das Land, und es unterliegt keinem
Zweifel, daß Neagoe einen oder mehrere dieser künstlerischen Flüchtlinge bei sich aufgenommen und diese mit
dem Bau der Kirche beauftragt hat. Das Glück hat
ihn unterstützt. Es sind große Meister gewesen, die
diesen Bau aufgeführt haben.

Vor der Kirche und mit dieser jetzt durch eine ein-
heitliche Einrahmung organisch zusammengefügt, wenige
Schritte von der Treppe, die zum Hauptportal führt,
steht, wie dies bei den byzantinischen Kirchenbauten sehr

häufig vorkommt, ein kleineres Kuppelgebäude, das den technischen Namen Kantharus, also etwa „Kanne" oder „Humpen", führt, das ich hier an Ort und Stelle aber „Baptisterion" habe nennen hören. Den Namen des Humpens oder eines Wasserbehälters hat es jedenfalls von seinem ursprünglichen Zweck; denn in diesen kleinen Gebäuden wurden die vor dem Betreten des Gotteshauses vorgeschriebenen Reinigungen und Waschungen vorgenommen: des Gesichts, der Hände und der Füße. In dem Kantharus unserer Kirche aber ist von derlei Vorrichtungen zur Waschung nichts wahrzunehmen.

Ludwig Reißenberger, der im „Jahrbuch der k. k. Centralcommission zur Erforschung und Erhaltung der Bauwerke" (Wien 1860) die bischöfliche Klosterkirche von Argesch vor ihrer Restauration zum Gegenstande eines sehr eingehenden Studiums gemacht hat (l. c. 4. Band, Seite 177 — 224), ist daher der Ansicht, daß das kleine Gebäude hier nur eine symbolische Bedeutung gehabt und den Zweck verfolgt haben mag, dem Gläubigen vor seinem Eintritt in die heilige Stätte zu einer geistigen Reinigung, zur Sammlung, zur Einkehr, zur Andacht zu dienen. Dieses kleine kioskartige Vorgebäude ist durchaus im Stile des Hauptgebäudes ausgeführt. Es enthält die Andeutungen jener Motive, die in dem

Hauptgebäude zu großartigerer Entfaltung gelangen sollen.

Von diesem Kantharus oder Baptisterion aus be= trachten wir nun die unmittelbar vor uns liegende Kirche. Sie erhebt sich auf einem ziemlich hohen, festen Fundament, so daß zum Hauptportal eine Marmortreppe von zwölf Stufen hinaufführt.

Das Gebäude ist in einen obern und untern Bau gegliedert. Der Unterbau ist in viereckige Felder ein= getheilt, die in den verschiedenartigsten und reichsten farbigen Ornamenten, namentlich in goldburchzogenem mattem Blau, die Lichtöffnungen, die man kaum Fenster nennen kann, enthalten. Es sind schmale, in die Mauer vertiefte Ritzen, die mit buntem Glas, das sich in der Farbe ganz der Ornamentik anschließt, bedeckt sind, so daß man von außen eigentlich nur die reiche bunte Ver= zierung, den architektonischen Ausschmuck, nicht aber die Lichtöffnung, das eigentliche Fenster sieht.

Ueber diesem Unterbau zieht sich, zugleich als Scheidung vom Oberbau, ein mächtiger Wulst in Form eines großartigen Schiffstaues um das ganze Gebäude herum, das aus vier Strähnen von verschiedener Orna= mentik, bald mit Schuppen, bald mit Laubwerk, bald mit Einfurchungen, und ebenfalls in verschiedener Färbung, hellblau, hellgrün und Gold, zusammengeflochten ist. Diese architektonische kunstvolle Umschnürung ist von herrlichster Wirkung.

Der Oberbau ist ringsum mit schildartigen Verzierungen in den mannigfaltigsten und herrlichsten Mustern, zum Theil in durchbrochener Arbeit, geschmückt. Von den vierzig dieser schildartigen Verzierungen gleicht auch nicht eine der andern in ihren geschmackvollen und herrlichen Verschlingungen. Abgeschlossen wird der Oberbau durch ein prachtvolles Kranzgesimse, das mit seinen Höhlungen und Anschwellungen, mit seinen geradlinigen und krummlinigen Ausschnitten die Bewunderung aller Fachmänner hervorruft.

Den tiefsten Eindruck dieses ungemein reichen, zierlichen und zugleich würdevollen und vornehmen Baues machen die vier Kuppelthürme. Rechts und links an der Vorderseite erheben sich zwei kleinere Thürme, die aus einem niedrigen quadratischen Unterbau aufwachsen. Diese beiden Thürme haben eine Eigenthümlichkeit, die ich nirgendwo gesehen habe. Die ganz schmalen, ritzenartigen Oeffnungen, die zum Eindringen des Lichts dienen, und die auch hier, wie im Unterbau des Gebäudes, durch die reiche buntfarbige und goldige Ornamentik, von außen betrachtet, fast unerkenntlich sind, stehen schräg, so daß

die Thürme mit dieser schrägen Ornamentirung also
spiralförmig wirken, als ob sie gewunden oder gedreht
wären. Es macht einen ganz seltsamen Eindruck! Und
diese beiden kleineren Thürme geben dem ganzen Gebäude etwas durchaus Originelles.

Hinter diesen, in der Mitte des Gebäudes, steigt
mächtiger und großartiger der mittlere Kuppelthurm auf,
der, wie alle Einzelheiten dieses Baues, mit dem
prächtigsten und zierlichsten Ausschmuck versehen ist. Und
hinter diesem, den mittleren Kuppelthurm noch ein wenig
überragend, erhebt sich über dem großen Querschiffe,
ebenfalls auf viereckigem Unterbau und in derselben
reichen und prachtvollen architektonischen Decoration, der
Hauptkuppelthurm.

Die ganze Kirche hat also vier Kuppelthürme: rechts
und links am Eingange die beiden gewundenen, dann
einen größeren und mächtigeren über der mittleren Kuppel
und, diesen noch überbietend, über dem Schiff den kuppel-
förmigen Hauptthurm.

Und alle Theile dieses Gebäudes, die viereckigen
Felder des Unterbaues, die Schilder des Oberbaues, die
Thürme, die Zwischenglieder: jener schiffstauartige Wulst
zwischen Ober- und Unterbau und das Kranzgewinde,
das die Scheidung des Gebäudes vom Dache bildet —

Alles das ist mit der sinnreichsten, geschmackvollsten und zierlichsten Ornamentik des Orients, in sauberster Ausführung — wahrer Filigranarbeit in Stein —, in entzückender Färbung, in zartem Grün, in mattem Blau mit Gold durchwirkt, und in unerschöpflicher Mannigfaltigkeit der Motive geschmückt. Es ist von einer Sauberkeit, von einer Anmuth und Pracht und zugleich von einer Feierlichkeit und Schönheit sondergleichen; und jetzt, in seiner wunderbaren Wiederherstellung durch den geistvollen und bedeutenden Architekten Lecomte du-Noüy, einen der hervorragendsten Kenner der byzantinischen Baukunst, der ein Jahrzehnt eifrigsten und unablässigsten Studiums und kunstfreudigster Arbeit auf die Wiedererstehung dieses herrlichen Baues verwandt hat, vielleicht das einzige Monument, das uns die ganze Eigenart und Herrlichkeit des byzantinischen Baustils in einem seiner reizvollsten Werke in unversehrter Pracht vor die Augen zaubert.

Wir treten ein, und ein frommer Schauer überrieselt uns. Das Innere macht einen überwältigenden Eindruck, vor Allem durch die Beleuchtung.

Aus den schmalen Lichtöffnungen des Unterbaues, den durchbrochenen Arbeiten der Schilder des Oberbaues und von den Kuppeln herab fluthen durch die bunten

18*

Scheiben die farbigen Lichtwellen zu einer wundersamen geheimnißvollen Harmonie zusammen. Es ist eine unbeschreibliche Dämmerung, ein seltsam farbiges Halbdunkel in sanften Tönen, das ganz mächtig ergreift. Unwillkürlich ruft man mit Faust aus: „Willkommen süßer Dämmerschein, der du dies Heiligthum durchwebst!"

Das Gebäude ist im Innern in drei Theile geordnet. Der erste quadratische Theil ist wiederum in verschiedene Abtheilungen gegliedert. Es ist zunächst Raum für eine Art Vorhalle gelassen. Hier ruht der Begründer der Kirche, der Woiwode Neagoe und seine fromme Gemahlin Despina, die in einem kindlichen Wandgemälde mit ihren sechs Kindern dargestellt sind, die Kirche der Mutter Gottes darbringend.

Der Mittelraum dieses ersten Theils, der durch die zwölf Säulen eingefaßt wird und gewissermaßen das Mittelschiff bildet, über dem sich der erste große Kuppelthurm wölbt, hat rechts und links zwei kleine Seitenschiffe.

An diesen Haupttheil schließt sich ein zweiter an, über dem sich der Hauptkuppelthurm erhebt. Der Architekt Reißenberger hat nicht Unrecht, wenn er sagt, daß diese Zweitheilung ein wenig verwirrend wirkt und daß ein gemeinsamer Mittelpunkt für alle Bautheile dadurch verloren geht.

An diesen zweiten Haupttheil schließt sich das Sanctuarium, das durch einen prachtvollen Schmuckbau von den übrigen Räumen getrennt ist. Drei Thüren in wunderbarer vergoldeter Arbeit führen in diesen Bau. Ueber der mittleren, der größten Thür, ist der Kopf Jesu Christi dargestellt, und an dem reichen, herrlichen Gesims, das über dieser Thür quadratisch aufsteigt, Christus am Kreuze. Auch über den anderen Thüren sind Heiligenbilder in Medaillonform, und rechts und links von der Hauptthür in der Mitte sind wiederum Christus und die heilige Mutter Gottes mit dem Christkind dargestellt. Dieser malerische Wandschmuck ist theils in Frescofarben, theils auch in Mosaikarbeit ausgeführt und natürlich fast immer auf Goldgrund, das Ganze in frischer Farbenpracht; die Metallthüren sind in Feuer vergoldet, schöne getriebene Arbeiten mit Email und bunten Steinen besät. Durch diese Thüren blickt man also in das Sanctuarium, in dem der herrliche Altar steht mit seinen großartigen, nach den schönsten Mustern geformten Heiligengeräthen.

In dem dem Sanctuarium nächstliegenden Raume stehen die Thronsessel für den König und die Königin und der Thronsessel für den Bischof, ebenfalls Werke der modernen Kunst, aber nach den vorzüglichsten Mustern

streng im Stile der Zeit und des Landes, entweder vor=
liegenden Urkunden nachgebildet oder doch durch die
Kunstwerke der Zeit angeregt.

Auch im Innern zeigt sich dieselbe erstaunliche Kraft
in der Erfindung der decorativen Motive, die wir schon
bei der Betrachtung des Aeußern angestaunt haben.
Die Kapitäle der zwölf Säulen, die das Schiff ein=
fassen, sind ganz wundervoll. In einigen der Säulen
kehrt in den Schäften die schräge Ausschmückung wieder,
die diese spiralförmig erscheinen läßt, und die wir in
so eigenartiger Durchbildung an den beiden kleinen
Kuppelthürmen zur Rechten und zur Linken des Eingangs
schon draußen bewundert haben. Hier im Innern wirkt
diese scheinbare Windung der Säulen im Anschluß an
die gewöhnlichen womöglich noch stärker. Es kommt ge=
wissermaßen in die steinerne Starrheit Bewegung hinein.
Es wirkt wie ein Faltenwurf in einer Gewandung aus
unbeweglichem Stoff. Die ganze innere Einrichtung ist
ohne irgendwelche übel angebrachte Sparsamkeit aus
edelstem Material mit gewissenhaftester Sorgfalt und mit
großartigem Gelingen durchgeführt. Vom Mosaik des
Fußbodens bis zu den Kapitälen, die die herrlichen Decken
tragen, bis hinauf zu den Kuppeln, die sich da oben
wölben, erstrahlt Alles in Farbenpracht und Goldesglanz.

Daß das hochherzige Fürstenpaar, das dieses Wunder vor der Mitwelt und für künftige Geschlechter auf Jahrhunderte hinaus zu andächtiger Bewunderung neu hat erstehen lassen, in dieser herrlichen Kirche verewigt werden muß, daß hier den alten Darstellungen von Neagoe und Despina sich die Bilder von König Karl und Königin Elisabeth anzureihen haben, bedarf keiner Begründung. Es gebietet sich von selbst. Aber die Gemälde des Königspaares, die jetzt in der bischöflichen Klosterkirche zu Argesch angebracht sind, wollen mir gar nicht behagen. Namentlich das Bild der Königin wirkt sentimental anspruchsvoll. Diese durch und durch modernen und nicht einmal gelungenen Malereien sind durch die Zeitwidrigkeit ihres Charakters störend; und es ist zu hoffen, daß ein geschmackvoller Künstler sich finden wird, der der Aufgabe, das fürstliche Paar, das Curtea de Argesch wieder hergestellt hat, hier an Ort und Stelle bildlich darzustellen, in einer Weise sich gewachsen zeigt, die die schroffen Gegensätze zwischen der alten und neuen Zeit künstlerisch vermittelt und diesen Schmuck einheitlich in den Stil des Ganzen einfügt.

In der anregenden Gesellschaft des klugen, hochgebildeten und bestrickend liebenswürdigen Ministers Maïoresco, des ausgezeichneten Künstlers Lecomte=du=

Noüy, der diese Wiederherstellung, ein Meisterwerk des Kunstverständnisses und Geschmacks, geschaffen, des lebhaften jungen Politikers und der anmuthigen jungen Damen verbrachte ich in dem stillen Städtchen, in dem jetzt auch wegen der zahlreichen Fremden, die diese einzige Kirche heranlockt, ein recht gutes Gasthaus entstanden ist, sehr heitere und genußreiche Stunden.

Der Bischof Ghenadios, ein schöner Mann und ein heiterer Cumpan, der, wie ich höre, nebenbei auch die Interessen seines Klosters, seiner wundervollen Kirche und seiner eigenen Person mit großer Umsicht und weltlicher Klugheit wahren soll, war ungemein liebenswürdig. Da meine Reisegefährten die Rechte des hochwürdigen Herrn, an deren Zeigefinger ein mächtiger Fischerring funkelte, ehrerbietig küßten, worauf der Bischof jedem Einzelnen die beiden Wangen küßte, so machte ich es geradeso. Der Bischof in seinem langen kaftanartigen Gewande mit weiten Aermeln, auf dem von einem braunen Vollbart umrahmten Kopfe die hohe barettförmige Bekleidung, von der ein langer Tuchschleier über die Schultern den Rücken herabfällt, in der Hand einen sehr großen Stab mit kunstvoll ciselirtem goldenem Griff, immer gefolgt von einem Dutzend schwarzgekleideter Mönche, machte einen sehr feierlichen und stattlichen Eindruck. Er selbst

führte uns durch seine Kirche und hatte die größte
Freude daran, uns alle Herrlichkeiten im Einzelnen
bewundern zu lassen. Er bedauerte nur, daß wir
unsere Ankunft nicht vorher angekündigt hatten. Es
war ihm daran gelegen, uns den ganzen bischöflichen
Schatz zu zeigen. Diese Ausstellung ordnete er für
den nächsten Morgen an. Meine Begleiter kannten die
Sachen bereits.

Der Bischof holte mich also allein ab und empfand
einen rührenden Stolz über all die Herrlichkeiten, die
er in der Kirche selbst ausgebreitet hatte, über die
prachtvollen Geräthe, Weihbecken, Taufschaalen, Kelche,
Bischofsstäbe, Bischofskronen und ganz besonders über
die wirklich unvergleichlich herrlichen Gewänder. Er
hatte deren wohl ein paar Dutzend, das eine immer
kostbarer als das andere, zum Theil alte Stickereien aus
dem sechzehnten und siebzehnten Jahrhundert, zum Theil
auch moderne Arbeit, alle aus Gold= und Silberbrokat=
stoff, aus schwerstem Seidenzeuge in farbigen Mustern
gefertigt. Von besonderer Schönheit waren einige Relief=
stickereien, die die heilige Jungfrau mit dem Kinde oder
Heilige darstellten. Die Gewänder waren in allen
Farben. Vorwiegend waren die Stoffe auf Goldgrund
mit Scharlachroth, Tiefblau, Smaragdgrün bestickt und

durchwirkt, mit funkelnden Steinen und Perlen besetzt und mit lustig klappernden Schellen an den Säumen der Stola. Besondere Freude machte dem Bischof ein großer Stab aus Elfenbein, mit in Gold und Silber getriebenen Arbeiten, und die goldene Krone mit echten Edelsteinen, gekrönt von dem Kreuz in großen Brillanten. Von auserlesener Schönheit waren die zahlreichen Crucifixe. Auch die prachtvollen Einbände der heiligen Schriften und der Meßbücher hatten bedeutenden künstlerischen Werth.

Schmunzelnd hob der Bischof ein prachtvolles Gewand nach dem andern auf und zeigte es mir. Er murmelte dabei mir unverständliche Laute; aber ich hörte dem Tonfalle die behäbige Freude und den kindlichen Stolz an. Denn unser Gespräch war naturgemäß nicht sehr geistreich. Der Bischof sprach nur rumänisch, die anderen Cultursprachen waren ihm nur dem Namen nach bekannt. Wir unterhielten uns trotzdem ganz gut. Ich verabschiedete mich von dem freundlichen Herrn mit lebhaftem Dank. Er reichte mir wieder die Hand zum Kusse dar und drückte mich dann mit zärtlichen Küssen an seine Brust.

In bester Laune traten wir den Rückweg an. Als wir in einem Dorfe zwischen Curtea be Argesch und Pitesti, um unseren Pferden Zeit zu lassen, sich ein

wenig zu verschnaufen, kurze Rast machten, fiel mir in
dem kleinen Gasthofe der sonderbare Zimmerschmuck
auf: Bildnisse des Zaren und seiner Gemahlin und
noch andere Bilder, welche den Zaren an der Spitze
russischer Truppen darstellen. Es waren elende Farben-
drucke in billigen Rahmen. Ich wunderte mich einigermaßen darüber, daß man hier in Rumänien bei den
Bauern die Bilder des russischen Kaisers sähe, während
die des rumänischen Königspaares durch ihre Abwesenheit glänzten. Man erzählte mir nun, daß die Agenten
der panslawistischen Propaganda beständig das Land
durchziehen und mit allen Mitteln die Bauern be-
arbeiten, um Stimmung für das große Zarenreich zu
machen, besonders durch Vertheilung von russenfreund-
lichen Schriften, von russischen Heiligen- und Fürsten-
bildern.

Hier auf dem Lande ist die nationale Tracht noch
vorherrschend. Sie ist ungemein kleidsam, aber, wie ich
schon sagte, für eine Volkstracht vielleicht ein bischen zu
kokett. Die Männer tragen meist Stiefel mit hohen
Schäften, in die die weißen Beinkleider gesteckt sind.
Die Grundfarbe der ganzen Kleidung ist fast ausnahme-
los weiß. Am Beinkleide, aber noch mehr an den kurzen
Jacken, sind zahlreiche Stickereien in sehr schönen

Mustern, entweder schwarz oder blau oder roth, ange=
bracht. Einige tragen auch das gestickte Hemb über den
Beinkleidern, über das bisweilen noch eine kurze ärmellose
Jacke gezogen wird, so daß das Hemb schurzartig herabfällt.

Noch viel reicher ist die Tracht der Weiber. Der
faltenlose, aber immer reichgestickte Rock schließt sich eng
an den Körper an und fällt bis zum Knie herab. Ein
breiter, ebenfalls üppiggeschmückter Gurt ist um die Hüfte
gewunden. Die Jacke mit ihren sehr weiten Aermeln, die
bisweilen frei herabfallen und den nackten Arm sehen
lassen, bisweilen auch am Handgelenk zusammengerafft
getragen werden, zeigt denselben verschwenderischen
Schmuck an bunten Stickereien. Um den Kopf ist ein
durchsichtiger, oft stark gemusterter Schleier geschlungen,
der gewöhnlich über der Brust zusammengefügt wird, so
daß er das Gesicht einrahmt und über den Rücken lang
herabfällt. Die ganze Tracht ist in Form und Schnitt
außerordentlich malerisch, aber etwas theatralisch.

Zu vorgerückter Abendstunde, nach sechsunddreißig=
stündiger Abwesenheit, fuhren wir in den Bahnhof von
Bukarest ein. Ich drückte meinen Reisebegleitern, vor
Allem meinem liebenswürdigen Wirthe Maïoresco, mit
wahrer Dankbarkeit für die herrlichen unvergeßlichen
Stunden, die ich ihm verdankte, die Hand.

XVII.

Ein Kinderfest im Parke Cotroceni.

Die „kermesse d'enfants". — Der Park von Cotroceni. —
Die Gesellschaft. — Die Costüme der Kinder. — Der Aufzug. —
Der Wagen der Königin. — Der Markt. — Allerlei Belustigungen. —
Der Eremit. — Abseits vom Feste. — Das Grab der kleinen
Prinzessin Maria. — Abschiedswort.

Das Wenige, das ich von Rumänien hatte sehen
wollen, hatte ich nun ungefähr gesehen, und ich wäre
wohl am andern Morgen davongedampft, wenn mir
nicht die Königin die Ehre erwiesen hätte, mich zu einem
großen Kinderfeste, das die hohe Frau im Parke ihres
Sommerschlosses Cotroceni veranstaltet hatte, einzuladen.

Zu diesem Kinder=Costümfest, das die Königin selbst
geplant und in allen Einzelheiten durchgeführt hatte,
waren seit langen Wochen Vorbereitungen getroffen.
Alle Mitglieder der ersten Gesellschaft von Bukarest waren
mit ihren Kindern zu diesem ländlichen Feste geladen.
Die allgemeine Vorschrift lautete: Für die Kinder die
Tracht des vorigen Jahrhunderts. Auch die Einladung

war nach dem Muster des königlichen Versailles im Französisch des vorigen Jahrhunderts abgefaßt.

Seit Wochen bildete dieses Fest die Qual der Eltern, das Entzücken und frohe Erwarten der Kinder und den Gegenstand der steten Beunruhigung bei der hohen Veranstalterin. Alles war auf Lustbarkeiten im Freien angelegt, und der Himmel, der während der letzten Tage recht unzuverlässig gewesen war, machte allen Betheiligten bange Sorge. Auch am Festtage selbst sah es Vormittags noch recht bedrohlich aus. Je näher aber die Festesstunde rückte, desto freundlicher wurde das Wetter. Und dieser Hauptmitarbeiter an dem Feste that schließlich seine Schuldigkeit in vollstem Maße. Es war ein warmer und sonniger Tag, von kühlen Winden aufgefrischt, ein Sommertag, wie er schöner gar nicht zu denken war.

Die Gesellschaft, die sich von halb drei Uhr Nachmittags an in dem herrlichen Parke mit seinen schattigen Laubgängen und freundlichen Wiesen, die durch Gartenanlagen und Beete hier und da anmuthig unterbrochen werden, versammelte, bot ein ganz einziges Bild dar. Alles, was in Bukarest Rang, Stellung und Namen hat, war hier in farbenlustigem Gemisch vereinigt: die höchsten Würdenträger des Staats, die Gesandten der fremden Mächte, unter diesen auch unser Gesandter, Herr Bernhard von Bülow, einer unserer tüchtigsten und zukunftsreichsten jungen Diplomaten, mit seiner entzückenden, geistvollen und kunstsinnigen Frau, geborenen Prinzessin Camporeale, der Stieftochter des italienischen Staatsmannes Minghetti, alle hohen Beamten des Civils und der Militärbehörden, die Träger der edelsten Namen des Landes, die Fürsten von Geburt, die Barone der Finanz — die Königin rief, und Alle, Alle kamen!

Von den Damen hatten allerdings sehr viele und von den Herren nahezu alle von dem Rechte der Nichtcostümirung Gebrauch gemacht. Aber die reizenden geschmackvollen Sommertoiletten der schönen, dunkel=äugigen Frauen ließen diesen Mangel kaum erkennen. Die Damen aber, die freundlich genug gewesen waren, mit den Kindern zugleich die Tracht des achtzehnten Jahrhunderts anzulegen, sahen mit ihren weißgepuderten Haaren oder auch mit den weißen Perrücken in den extravagantesten Formen, mit den koketten Schönheits=pflästerchen, und zeitgemäß noch ein bischen mehr als gewöhnlich geschminkt, ganz entzückend aus. Die Paniers und Cotillons und auch die Schleppkleider waren ganz richtig, zumeist aus geblümten Stoffen, in den duftigen

Farben des zarten Blau und Rosa gefertigt. Darunter
mischten sich aber auch Trachten in kräftigeren Farben:
tiefrothe mit großen Blumen, saffrangelbe. Kurz und
gut, es war ein höchst erfreuliches, buntes Bild. Zu
den lieblichsten Erscheinungen gehörten die Ehrendamen
der Königin: die eine mit den strengen edlen Zügen
und den gedankenvollen Augen, die andere mit ihrem
entzückenden feinen, lebensvollen Gesichte, „wie gemalt
von Meister Greuze.“

Diesmal aber hatten die Erwachsenen bescheiden in
den Hintergrund zu treten, denn es war eine „kermesse
d'enfants“. Man kann sich nichts Herzigeres denken, als
diese kleine Bande, vom zartesten Alter an bis zur Grenze
des Backfischthums, Kinder von drei bis vier Jahren bis
zu jener Altersgrenze, wo das Mädel beinahe schon zum
Fräulein herangereift ist, und der halbwachsene Junge die
ungelenken Arme und Beine für die entbehrlichsten und
lästigsten Dinge der Schöpfung hält. An Geschmack und
Reichthum der Costüme hatten sich die Mütter überboten.
Einzelne der kleinen Puppen waren von unwillkürlich
reizender Komik, und ein niedliches Kind stellte das
andere immer in den Schatten. Sie waren zum Theil
zum Todtlachen in ihrem feierlichen Ernste, diese jungen
Marquis von sechs Jahren, mit den rothen Hacken, mit

Dreimaſter und Haarbeutel, den Galanteriedegen an der
Seite, der unbeholfen zwiſchen ihren Beinchen ſchlotterte;
dieſe kleinen Miniatur=Abbés=galants mit dem ganz
ſchwarzen Mäntelchen aus ſtarrer Seide; dieſe jungen
Doctores mit dem hohen Hut und der großen Perrücke
— Alles das in einem Duft und Hauch von Blau und
Roſa.

Aber das achtzehnte Jahrhundert — die vorgeſchriebene
Zeit — iſt lang, und wenn auch die Gepuderten und
Bezopften die Mehrheit bilden, ſo ſind doch auch aus
dem Anfange des Jahrhunderts kindliche Träger der
ſtrengeren Coſtüme zur Stelle: mit Schnürröcken, den
„Burgraves“, den breiten Pluderhoſen, den Hautes=chauſſes
und Schnallenſchuhen, die auf dieſen Knirpſen reizend
lächerlich wirken; und aus dem Ende des Jahrhunderts
die Trachten des Convents: ſchon der hohe Hut mit
extravaganter Krämpe, die lächerlichen Fräcke und hohen
Hemdkragen, und die die Antike parodirenden Weiber=
trachten, — die Incroyables und Merveilleuſes. Das
Modeland Frankreich dominirt natürlich, indeſſen ſind auch
andere Länder vertreten. Da ſehen wir einen floren=
tiniſchen Sänger mit der Mandoline, ſo entzückend albern
und lieb zugleich — ein Kind zum Anbeißen. Auch
exotiſche Erſcheinungen ſind da, aus dem heißen Morgen=

Paul Lindau, Aus dem Orient.

lande und aus den kalten Zonen, aus Nord und Süd, Edelleute und Bauern.

Um vier Uhr kommt in die bunt bewegte Menge eine sonderbare Bewegung. Das Orchester stimmt einen Marsch an. Der König erscheint auf der Wiese, und der Zug ordnet sich nun. Auf Wagen und Karren, auf bepackten Eseln, die programmwidrig schreien, werden die Waaren, die von Kindern an Kinder verkauft werden sollen — Alles, was so ein Kinderherz sich nur ersehnen kann: Küchen und Burgen, Möbel und Instrumente —, zu Markte gebracht. Auch für das nöthige Geld ist gesorgt. Jedes Kind bekommt ein Beutelchen mit zwei blanken Goldstücken, die eigens für das Fest geprägt sind. Es sind freilich nur Centimes, aber sie funkeln wie eitel Gold.

Während sich so der Markt bildet, darf natürlich auch der Charlatan nicht fehlen, der auf seinem Wagen Wundertränke aller Art für Erwachsene feilhält. Seine Geheimmittel heilen die bedenklichsten Schwächen: Eitelkeit und Faulheit, Verlogenheit und Neugier.

Ganz am Schlusse des Zuges kommt der prächtig ausgeschlagene Wagen, von vier isabellenfarbenen Ponnys gezogen, auf dem die Königin des Festes, die nebenbei auch die Königin des Landes ist, thront. Die edlen

und reizenden Thiere, ein Geschenk des Königs von
Schweden, sind mit Rosenketten geschmückt, und die
Stallknechte, die auf ihrem Rücken sitzen, tragen eben=
falls die lichtfarbene Tracht des koketten Rococo. Die
Königin ist unzweifelhaft in ihrer imposanten Erscheinung
die großartigste Schönheit des Festes. Sie trägt ein
herrliches, stilgerechtes Pompadourkleid aus goldigem
Stoff, allerdings ohne die bauschigen Uebertreibungen,
die unser dem Extravaganten entwöhntes Auge nicht mehr
vertragen würde. Die thurmhohe Perrücke ist mit
Bändern umschlungen.

Währenddem haben nun die Verkäufer ihre Stände
aufgeschlagen. Die schönsten Sachen liegen zum Verkaufe
da. Aber die dummen kleinen Käufer stehen schüchtern
davor und glauben nicht recht, daß sie all die dar=
gebotenen Herrlichkeiten erschwingen können. Die Königin
redet den Kleinen freundlich zu. Es dauert jedoch eine
ganze Weile, ehe der Markt in rechten Schwung kommt.
Schließlich hilft Zureden. Allmählich legt sich die
Schüchternheit, ein Jedes greift zu, und alsbald hört
man die schrecklichen Laute aller möglichen Kinder=
instrumente. Und sobald der Lärm da ist, ist auch die
Stimmung da.

Nun entwickelt sich ein äußerst liebliches Schau=

spiel von Kinderlust und Kinderübermuth. Es dauert gar nicht lange, und alle Vorräthe, die zunächst uner= schöpflich schienen, sind wie weggefegt. Es ist ausver= kauft. Wenn sich nur nicht die Aengstlichkeit der auf die Schönheit ihrer Kinder allzu stolzen Eltern als temperirendes Element hineinmischte! Wir würden bald das ausgelassenste Treiben und die kindlichste Unbändig= keit sehen. Aber die Eltern passen auf, und die hier vereinigten Kinder haben nur einen Fehler: sie sind zu artig. Der Anblick ist darum nicht minder entzückend. Man kann sich nichts Hübscheres denken, als dieses Ge= wirr und Getreibe von mehreren hundert in höchster Eleganz kokett costümirten Kindern, mit den thöricht lieben Gesichtern, die so ernst dreinschauen und dabei so lustig sind. Immer bilden sich neue Gruppen, die der Zufall in Farben und Typen köstlicher componirt, als es der größte Meister vermöchte. Das Auge schweift von einer Gruppe auf die andere. Man weiß nicht, welche die reizendste ist. Dazu ein schöner leichtbewölkter Sommer= himmel mit dem tiefsten Blau, in wechselnden Sonnen= blinken, die beständig neue Farbeneffecte hervorzaubern.

Auf dem Jahrmarkte giebt's natürlich allerhand Belustigungen. Da ist ein Kasperle=Theater; da werden Bauerntänze in nationalen Costümen aufgeführt; da

marschiren die Turner auf; da sieht man scherzhafte Licht=
bilder. Und auch für die Großen ist gesorgt, obwohl
es eigentlich gar nicht nöthig wäre, denn diese haben mit
der Bewunderung des Schauspiels, das die Kleinen ihnen
bieten, vollauf zu thun. Ich muß aber doch wohl an=
nehmen, daß der weise Eremit eigentlich nur für die
recht Erwachsenen da ist. Denn die Rathschläge, die
dieser fromme Mann seinen Besuchern ertheilt, sind
von ausgewachsenster Bosheit. Es sind die Lebensregeln
des gründlichsten Pessimismus. Und die Verfasserin
dieser guten Rathschläge ist wiederum Carmen Sylva.
Es sind Sprüche voll Geist und Schlagfertigkeit, aber
von einer recht trüben Auffassung der Menschen und Dinge.

Indessen der gute Eremit, der schrecklich umstürmt
wird, ist mit seinem Latein in allzu schneller Zeit zu Ende.
Er hat wohl die Empfindung, daß es ihm nicht ganz leicht
werden wird, jetzt, da ihm der Souffleur fehlt, in
demselben Stile seine scharfsinnigen Audienzen fortzu=
setzen. Er macht es sich bequem und erklärt, daß er
nichts mehr weiß. Den Rathbedürftigen giebt er nun
anstatt der bösen Lehren lieber ein kleines Couvert mit
den wohlgetroffenen Miniaturbildnissen des Königspaares
— eine liebe Erinnerung an das herrliche Fest.

Während die Kleinen sich tummeln und die Großen

über die Lehren des Eremiten nachdenken, die Kapellen ihre Weisen aus dem vorigen Jahrhundert aufspielen und dazwischen die walachischen Zigeuner, die Lautari, in der alten echten Tracht, mit kaftanartigem Gewande, mit bunten Röcken darüber und sonderbarer Kopfbekleidung, einem riesigen krämpelosen Hut, der sich ungeheuerlich nach oben erweitert, auf der alten Flöte pfeifen, auf der Fiedel kratzen, die Guitarre knipsen und das Hackbrett schlagen, entfernen wir uns durch einen der schattigen Gänge ein wenig vom Schauplatz des harmlos ausge= lassenen Treibens, der kindlich frohen Lust.

Es wird stiller und stiller. Von der Ferne bringt kaum noch ein dumpfer Laut des festlichen Jubels bis zu uns. Nun wird es ganz friedlich und still. Wir hören nur das sehnsüchtige Flöten der Nachtigall.

Hier ist es frischer und schöner. Es weht hier eine weihevolle Stimmung.

Da erhebt sich ein kleines Gebäude mit Kuppel und Kreuz, und rings eingeschlossen von Bäumen sehen wir einen mit Rosen bepflanzten Hügel. Da ruht das Kind, das an der Lustbarkeit des heutigen Festes nicht theil= nehmen kann. Auf einem Marmorkreuz steht der ein= fache Name „Maria" und „Christus ist auferstanden". Am Fuße liegt ein Marmorblatt, der Brief des Königs,

der dem Staatsministerium Kunde giebt von dem tief=
schmerzlichsten Ereignisse seines Lebens, vom Dahin=
scheiden seines einzigen Kindes. Auf dem Zipfel der
Schleife, welche um das Blatt geschwungen ist, stehen
die Tage der Geburt und des Todes: „27. August
1870. 28. März 1874.“

Neben diesem Hügel ist ein Mausoleum errichtet.
Durch die gelben Scheiben fällt ein goldiger Schimmer
auf das marmorne Lager, auf dem ein himmlisch schönes
Kind im Ausdrucke des friedlichen Schlafes, in unge=
zwungener Haltung in seinem Hemdchen daliegt, das
eine Bein halb erhoben, in der Hand eine Blume, mit
der es vor dem Einschlafen gespielt zu haben scheint.
Blumen sind auf das Lager gestreut. Und seltsam!
gerade auf der Blume, die das Kind in der Hand fest=
hält, ist ein wirklicher Schmetterling, der sich dahin ver=
irrt hat und da gestorben ist; mit ausgebreiteten Flügeln,
unversehrt, wie lebend sitzt er auf der Blume.

Diese Nachbarschaft des Todes mit dem Leben er=
greift uns tief. Und ist denn das arme Kind todt?
Die Eltern mögen es nicht glauben. Sie trösten sich
mit dem Worte des Evangelisten aus der rührenden Ge=
schichte von des Jairi einzigem Töchterlein, das hier
verzeichnet steht:

„Vater und Mutter weineten und klagten. Christus aber sprach: ‚Weinet nicht. Sie ist nicht gestorben, sondern sie lebt.‘"

Wir wenden uns ab, und bald umrauscht uns wieder der Jubel des kindlichen Festes. Inzwischen sinkt die Sonne, das goldige Licht erstirbt. Die Mütter mummeln ihre Kleinen ein, die gewiß gern noch viel länger blieben, und das Fest ist aus.

Die Eindrücke, die ich von diesem freundlichen Tage empfing, waren die letzten, die ich von meiner Reise im Orient mit heimbrachte. Es war ein lohnender Ausflug. Ich habe während meiner Fahrt viel Wunderherrliches und Schönes gesehen, freilich nur im Fluge. Ich habe die schönen Bilder eben nur an mir vorüberziehen lassen. Und Aller derer, mit denen ich zusammengetroffen bin, der Landsleute in der Fremde und der Einheimischen, die mich so gütig und herzlich aufgenommen haben, habe ich mit inniger Dankbarkeit zu gedenken.

Ende.